Margret Drees

Darüber lacht man auf dem Hunsrück

PANDION

Herzog-Johann-Str. 2, D-55469 Simmern

www.pandion-verlag.de

Druck/Weiterverarbeitung:
Pressel Digitaldruck, Remshalden

Printed in Germany

ISBN 978-3-86911-068-4

Margret Drees · *Darüber lacht auf dem Hunsrück*

Die Phantasie tröstet uns über das hinweg,
was wir nicht sind,
und der Humor über das,
was wir sind.

(Albert Camus)

Wenn der Hund eine Hündin ist

Die Cilli wollte den Hund eigentlich gar nicht haben; sie hatte ihn sich *aufschwätzen* lassen, als die Hündin von Beckers fünf Junge hatte und der Karl nicht wusste, wohin damit.

„Nemm der ääne, Cilli“, hatte er damals gesagt, „dau bist so allään, do isses gut, wenn de en Hund host.“

Und als sich die Cilli endlich dazu durchgerungen hatte, ja zu sagen, da meinte sie: „Awer geb mer uff kääne Fall en Weibche, sunst geht mer's wie euch.“

Der Karl untersuchte eingehend die jungen Hunde und war sich sicher, Männchen und Weibchen unterscheiden zu können. Doch der junge *Rüde*, den die Cilli schließlich mit nach Hause genommen hatte, entpuppte sich nach einer gewissen Zeit als Hündin.

Als diese zum ersten Mal *heiß* wurde, da passte die Cilli aber besonders gut auf und ließ keinen Rüden in die Nähe kommen.

Eines Mittags hatte sie sich wie üblich auf der Chaiselongue in der Küche zu ihrer Mittagsruhe hingelegt und ihren Fiffi am Tischbein angebunden, damit er nicht abhauen konnte, falls sie kurz einschlafen sollte. Es war nämlich ein heißer Sommertag, und alle Türen standen offen.

Derart beruhigt schlief die Cilli tatsächlich ein, was ein *Liebhaber* ihrer Hundedame zu nutzen wusste. Er schlich sich leise in die Küche, beglückte mucksmäuschenstill und klammheimlich ihren Fiffi, und als die Cilli aufwachte, war alles wieder so, als wäre nichts geschehen.

Doch schon nach kurzer Zeit wurde der Fiffi rund und runder und konnte schließlich sein süßes Geheimnis nicht mehr verbergen, was die Cilli aber nicht wahrhaben wollte. Sie glaubte, er sei zu gut ernährt und hielt ihn fortan ein bisschen kürzer.

Als er aber, beziehungsweise sie, genauso wie ihre Mutter fünf Junge zur Welt brachte (die Zahl schien sich zu vererben), da meinte die Cilli: „Zum Dunnerkeil, ich honn so uffgebasst. De war doch heegstens aan dem Middaach, wie's so hääß war unn alle Deere uffgestann honn, mitsamt dem Disch fott."

Künstliche Besamung

Es war zu einer Zeit, als es in den Hunsrückdörfern noch zahlreiche kleine Bauernhöfe gab und eine Kuh noch zum Bullen geführt wurde, wenn sie *zugehen* sollte. Von künstlicher Besamung redete man zwar schon, aber das erschien den meisten doch etwas exotisch.

Der Bauer Görges, ein sehr fortschrittlicher Mann, war deshalb auch einer der ersten im Dorf, die sich dafür entschieden.

Der Tierarzt hatte sich zwar angemeldet, aber weil es nach Gewitter aussah, entschied sich Görges, mit seiner Frau noch vor dem Regen das Heu einzufahren.

Die Oma war ja zu Hause und konnte das mit dem Tierarzt regeln. Sie wusste, welche Kuh in Frage kam und dass diese künstlich besamt werden sollte. Es war nie weiter darüber geredet worden, wie das genau vor sich ging, und niemand interessierte sich dafür, was sich die Oma vielleicht darunter vorstellen könnte. Über solche Dinge sprach man nicht.

Als der Tierarzt kam, zeigte die alte Frau ihm die betreffende Kuh und fügte etwas schamhaft hinzu: „Do honn ich Ihne en Stuhl hiengestellt. Do kenne Se Ihr Bux driewerhänge, unn wenn Se fertig sinn, komme Se in die Kisch, dass ich Se bezahle kann."

Es geht auch ohne

Früher haben die Diakonissinnen regelmäßig im Hunsrück gesammelt. Im Herbst Gemüse und Kartoffeln, im Frühjahr Eier und Geld. Die Schwestern meldeten sich bei der Gemeindeverwaltung an und gingen jeweils zu zweit von Haus zu Haus, wobei die älteren Schwestern die jüngeren unter ihre Fittiche nahmen. Meist wurden sie von den Presbytern zum Frühstück eingeladen, ehe sie sich auf den Weg machten. So war es auch in einem Dorf, wo sich die beiden Frauen Kaffee, Brot und Schwartemagen hatten schmecken lassen, und die ältere nach einiger Zeit zum Aufbruch gemahnte.

„Dann wünsch ich euch viel Erfolg", meinte der Presbyter. „Drauße in de Schauer steht en Mann (zweihenkliger Korb) unn en Wäänche, die könnt der mitnemme."

Die Schwestern sahen sich verdutzt an, und die eine antwortete entsetzt: „Wir brauchen keine Männer!"

Die Ehefrau verkauft

Der Hubert wollte eine Kuh verkaufen. Aber gerade an dem Tag als der Viehhändler kommen wollte, um sie sich anzusehen, musste der Hubert zu einem anderen dringenden Termin außer Haus.

Seiner Frau, dem Kättchen, gab er Anweisungen, wie sie sich gegenüber dem Viehhändler verhalten sollte, beziehungsweise welchen Mindestpreis er sich vorstellte. Aber auf jeden Fall wollte er sich das letzte Wort vorbehalten.

Als er abends nach Hause kam und den Preis erfuhr, den seine Frau für die Kuh ausgehandelt hatte, war er sehr zufrieden und schrieb dem Viehhändler gleich eine Postkarte mit folgendem Text:

„Mit dem Verkauf meiner Frau bin ich einverstanden. Sie können die Kuh so bald wie möglich abholen."

Ein schlauer Mandant

Der Lothar hatte zunächst versucht, die Unstimmigkeiten mit seinem Nachbarn auf friedliche Weise zu bereinigen, was ihm jedoch nicht gelungen war. Im Gegenteil. Es kam zum Streit, der immer heftiger ausgetragen wurde, bis sich der Lothar gezwungen sah, einen Rechtsanwalt zu Rate zu ziehen. Der schrieb zunächst einen Brief an den streitbaren Nachbarn, worauf dieser, eigentlich wegen einer Nichtigkeit, den Lothar anzeigte.

Nun ging also der Streit vor Gericht, und es kam, wie es manchmal kommt: Recht haben und Recht bekommen, ist zweierlei. Der streitbare Nachbar gewann den Prozess, und der Lothar konnte auch noch für die Gerichtskosten aufkommen.

„Meine Anstrengungen, den Prozess zu gewinnen, sind umsonst gewesen“, meinte der Rechtsanwalt etwas betreten.

„Na, wenigstens das!“, gab daraufhin der Lothar zur Antwort. „Ich hatt' schon befürcht', Se dääre aach noch was dodefor nemme.“

Was versteht man unter einer Festplatte?

Es war üblich, dass sich sonntags morgens die Kirchenbesucher nach der Messe im Gemeindehaus noch ein wenig zusammensetzten, plauderten und ein Tässchen Kaffee oder Tee tranken.

An einem Sonntagmorgen fragte die Anna ihren Banknachbarn, einen jungen Familienvater, den sie recht gut kannte, ob er noch mitkomme ins Gemeindehaus.

Doch der antwortete: „Nein, leider nicht. Ich muss dringend nach Hause. Meine Festplatte ist abgestürzt."

„Ach Gott, Sie Armer", bedauerte ihn die Anna. „Jetzt liegt also das ganze Buffet auf dem Boden und die Gäste kommen sicher gleich."

Beim Friseur

Eine Amerikanerin ließ sich bei einem deutschen Friseur die Haare schneiden. Sie betrachtete sich im Spiegel und meinte dann: „Ich hätte auch gern noch ein kleines Pferd."

„Ein kleines Pferd?", fragte der Friseur zurück, weil er glaubte, nicht richtig verstanden zu haben.

„Ja, so!" gab sie zur Antwort und zeichnete mit dem Finger eine Ponyfrisur auf die Stirn.

Umgekehrt passierte es, dass eine junge ausländische Mitarbeiterin einer deutschen Kundin erklären wollte, welche Frisuren mit ihrem langen Haar möglich seien: „Sie können Ihr Haar hochstecken oder zurückbinden oder auch mit einer ‚Spangenbanane' feststecken." (Sie meinte allerdings eine „Bananenspange".)

In Stalingrad gefallen

Stalingrad liegt im Hunsrück. Wenn Sie es nicht glauben wollen, verehrte Leser, dann werden Sie mir rechtgeben, wenn Sie die nachfolgende Geschichte gelesen haben. Es ist natürlich nicht die gleichnamige Stadt an der Wolga gemeint, die mittlerweile wieder Wolgograd heißt, sondern eine gemütliche kleine Gastwirtschaft in einem idyllischen Hunsrückdorf. Den Namen des Dorfes wollen wir verschweigen, und die Gastwirtschaft heißt natürlich nicht Stalingrad, sie hat einen Namen wie sie eben Dorfkneipen im Hunsrück haben. Nennen wir sie der Einfachheit halber *Dorfschänke.* Stalingrad ist ihr Spitzname, den ihr die Kumpels vom Freitagabend-Stammtisch verpasst haben, nach dem Motto: Man geht heil hinein, kommt aber nicht mehr heil heraus. Und nun nach der langen Vorrede zur eigentlichen Geschichte:

Der Wilfried, der Michael, der Christian, der Marco, der Stefan und der Hans-Josef treffen sich also regelmäßig jeden Freitagabend zum Stammtisch. Man hat schließlich eine arbeitsreiche Woche hinter sich und kann sich endlich ein paar Bierchen gönnen, sich mit den Freunden unterhalten und man muss am nächsten Morgen nicht so früh raus, um zur Arbeit zu fahren. Da an normalen Wochentagen in der Dorfschänke nicht viel los ist, oder sagen wir besser, fast gar nichts, gibt es kein gezapftes Bier, sondern nur Flschenbier. Und da man sich gut kennt und auch auf der Baustelle oder auch mal abends zu Hause das Bier aus der Flasche trinkt, verzichtet man auch hier auf Gläser. Der Wirt ist es zufrieden, spart er sich doch hinterher das Gläser spülen.

Eines Freitagabends wird die Unterhaltung der Kumpels immer ausgelassener und lautstärker, und die Anzahl der leeren Bierflaschen auf dem Tisch wächst und wächst, bis einer der Freunde, der Marco, auf die Idee kommt, seine Stärke zu beweisen. Er stemme alle hier im Kreis, einen nach dem anderen in die Höhe, behauptet er.

Das müsse er aber beweisen, rufen sie einstimmig. Und Marco beweist es, bis die Reihe an den dicken Stefan kommt, der, wie es aussieht, bestimmt zwischen 80 und 90 Kilo auf die Waage bringt. Die Kumpels sind gespannt und können sich ein Grinsen nicht verkneifen: Der verhältnismäßig zierliche Marco und der Stefan, der sich wie ein Kleiderschrank vor ihm aufbaut. Marco packt ihn an den Ellbogen, stemmt ihn ein Stück in die Höhe und dann passiert es: Marco bekommt das Übergewicht – schließlich tun die sechs Flaschen Bier auch das ihre dazu – schwankt, fällt nach vorne, reißt den dicken Stefan um und fällt auf ihn. Das arme Opfer kann sich gerade noch abstützen, hat sich dabei aber das Handgelenk gebrochen und muss ins Krankenhaus gebracht werden.

Der behandelnde Arzt fragt, wie das denn passiert sei, denn es ist erst September und weit und breit noch kein Glatteis und zudem merkt er, dass sein Patient nicht mehr nüchtern ist.

„Ei“, antwortet der auf die Frage des Arztes, „ich bin in *Stalingrad* gefallen.“

Das Gaubloch

Früher, als das Heu noch nicht zu Ballen gepresst wurde, fuhr man es lose auf großen Leiterwagen nach Hause, lud es mit Heugabeln – genauso wie man es aufgeladen hatte – ab und schichtete es in der Scheune auf dem Heuboden auf.

Oft befand sich in der Giebelwand der Scheune, an die man gut heranfahren konnte, ein Loch, das sogenannte Gaubloch, durch das das Heu mit der Gabel ins Innere der Scheune gereicht wurde.

Einmal passierte Folgendes:

Eine Frau vom Nachbardorf half einem Bauern beim Heumachen, weil dessen Frau krank und arbeitsunfähig war.

Als sie den ersten Wagen Heu einfuhren, besah sie sich die Scheune und vermisste das Gaubloch. Ganz erstaunt fragte sie den Bauern:

„Hott Ihr kää Loch?“

„Ei, allemol hommer en Loch!“, antwortete der. „Mer honn’s hinne.“

Stammtischgespräch

Es kursieren ja die aberwitzigsten Meinungen, über welche Themen sich Männer am Stammtisch unterhalten. Doch manchmal sind es, entgegen jeder üblichen Meinung, ganz alltägliche Probleme.

So unterhielten sich die Herren eines Abends über Zahnärzte und die Schwierigkeiten, die einem Zähne bereiten können.

Da der Emil auch etwas dazu sagen wollte, meinte er: „Mei Zähn’, die sinn soweit noch all in Ordnung. Nur im hinnere, do honn ich en Loch.“

Wer den Schaden hat …

Als der Hunsrück elektrifiziert wurde, arbeiteten die Leute vom E-Werk jeweils einige Zeit in einem Ort. Der Einfachheit halber quartierte man sie in dem jeweiligen Dorf bei Privatleuten ein. Das war bequemer und auch billiger als in Hotels oder Gaststätten, wohin sie vielleicht noch weit hätten laufen müssen, denn damals gab es ja kaum Autos.

Im Vorfeld wurde dann schon in einer Gemeindeversammlung geklärt, wer Zimmer zur Verfügung stellen konnte.

Bei einer solchen Gemeindeversammlung, als die entsprechenden Leute schon auf die Quartiergeber verteilt und die Namen notiert waren, wurde noch gefragt, wo man den Transformator aufstellen könne?

Der alte, schon schwerhörige Konrad glaubte aber, es ginge noch immer um die Zimmerfrage. Er meldete sich und sagte: „De kann bei uus schloofe."

Auf dem Friedhof

Früher durften die Hühner auf den Dörfern frei herumlaufen. Deshalb mussten die Gartentürchen geschlossen gehalten werden, wenn man vermeiden wollte, dass die Hühner gärtnerten.

In einem Dorf lag der Friedhof ganz nah bei den Häusern, und da konnte es geschehen, dass bei aller Vorsicht das Tor nicht richtig geschlossen wurde, und die Hühner die Gelegenheit nutzten, um auf dem Friedhof herumzustöbern.

Das war auch einmal geschehen, als das Mienchen auf den Friedhof kam, um die Blumen auf dem Grab ihres verstorbenen Mannes Franz zu gießen.

Als sie das verwüstete Grab sah, rief sie: „Franz, Franz, eich siehn jo bald dei Bään, so honn die Hinkel dei Grab verscherrt."

Ein Arzt braucht Möbel

Die Herta litt seit einiger Zeit unter Leibschmerzen und Durchfall. Sie ging also zum Arzt. Der konnte jedoch auf Anhieb nichts finden und bat sie, zur nächsten Untersuchung ihren „Stuhl" mitzubringen.

Nun ja, dachte die Herta, den braucht er zur Untersuchung, und da sie keinen großen Stuhl durch die Gegend schleppen wollte, bat sie ihre Nachbarin, von der sie wusste, dass sie ein handliches kleines Stühlchen besaß, es ihr zu leihen.

Die Sprechstundenhilfe wunderte sich zwar, als sie die Patientin mit dem Stühlchen kommen sah, sagte aber nichts, da sie annahm, die Herta hätte es zufälligerweise mitgebracht, um es irgendwo abzugeben. Dann nahm sie es aber auch mit ins Sprechzimmer.

Der Doktor konnte sich ein Lachen kaum verkneifen und sagte: „Aber Frau Liebig, ich wollte zwar *Ihren* Stuhl, aber nicht den.“

Worauf die Herta antwortete: „Also, Herr Dokter, Sie merke awer aach alles. De loo, de is werklich nit von mir, de is vun meiner Nooberrsch (Nachbarin).“

Dau bist doch Dokter?

Viele Jahre hatten sich die ehemaligen Klassenkameraden nicht mehr gesehen, deshalb entschieden sich die, die im Ort geblieben waren, ein Klassentreffen zu arrangieren. Es war Sommer, und man traf sich beim Eckard auf dem Hof zum Grillen. Die fast neunzigjährige Oma freute sich über die zahlreichen Besucher und ließ sich alle der Reihe nach vorstellen.

Dass aus dem Mayersch Hänsje ein Dr. Mayer geworden war, das hatte sie ja noch gar nicht gewusst.

„Ah, dau bist jetzt Dokter?“ meinte sie. „Dann kannst dau jo grad mol no määne Bään gucke. Ich honn mich do gestoß, unn das dut so weh aan der Stell.“

„Oma“, gab daraufhin ihr Enkel zu bedenken, „der Hans is Dokter der Theologie.“

Die Oma ließ sich allerdings nicht so schnell abfertigen: „Awer dau bist doch Dokter?“ beharrte sie, was er natürlich bejahen musste. „Ei, dann guck doch grad emol.“

Er musste ihr unbedingt den Gefallen tun und nach dem Bein schauen, worauf die Oma sich endlich beruhigte.

Die Schwesternprüfung

Die Jennifer hatte eine Schwesternausbildung absolviert, und nun stand die Abschlussprüfung bevor. Ausgerechnet herrschten seit drei Wochen solch' hochsommerliche Temperaturen, dass man zu nichts Lust hatte und sich am liebsten in eine kühle Ecke gesetzt hätte. Aber die Jennifer kam um ihre Prüfung nicht herum. Sie musste trotz der Hitze antreten, genauso wie ihre Kolleginnen und Kollegen. Die stöhnten ebenfalls.

Bei der Prüfung lief alles ganz gut. Jennifer konnte auf alle Fragen antworten und glaubte schon, alles gut überstanden zu haben, als der Prüfer meinte: „Eine Frage beantworten Sie mir noch! Bei dieser Hitze kann es ja leicht passieren, dass jemand einen Hitzschlag erleidet. Was machen Sie in diesem Fall?“

Auch auf diese Frage brauchte Jennifer nicht lange nach einer Antwort zu suchen, und sie antwortete so spontan, wie sie es bisher getan hatte:

„Ich bringe den Patienten erst mal aus der Sonne, und dann mache ich ihn kalt.“

Der Hunsrück und Brasilien

Seit den späten achtziger Jahren gibt es einen regen Reiseverkehr zwischen Hunsrückern und Brasilianern, genauer gesagt den Nachkommen der ehemaligen Auswanderer. Dort sprechen auch die älteren Leute alle noch recht gut Deutsch, hauptsächlich einen Dialekt, der dem Hunsrücker sehr nahe kommt.

Es folgen nun einige Szenen, die sich bei gegenseitigen Besuchen abspielten und aufgrund von Unkenntnis oder Missverständnissen beruhen und für Heiterkeit sorgten.

Eigentlich ging es schon vor der Abreise nach Brasilien los. Da wurde eine Reiseteilnehmerin von einer alten Frau angesprochen: „So, Ihr fahrt no Brasilie? Fahrt der mit em Bus do hien?“ (Sie meinte keinen Airbus.)

In Brasilien angekommen – nicht mit dem Bus, sondern mit einem großen Passagierflugzeug – wurden die Angehörigen der Reisegruppe privat bei Nachkommen der Auswanderer untergebracht und verwöhnt mit reichlich gutem Essen.

Immer und immer wieder wurde aufgetischt.

„Jetzt wird erst emo gess!“, hieß es ständig, was eine Hunsrückerin veranlasste zu antworten: „Ich honn werklich kää Hunger meh. Ich platze gleich.“

Da entgegnete die Gastgeberin: „Nit Katzefleisch! Mer honn richtig Fleisch.“

Die offizielle Landessprache in Brasilien ist Portugiesisch. Während des Zweiten Weltkrieges war es den Auswandererfamilien verboten, Deutsch zu sprechen. Daher sprechen heute nur noch wenige junge Leute Deutsch. Es sind also hauptsächlich die Älteren, mit denen man sich gut verständigen kann. Aber auch sie sprechen oder verstehen zumindest Portugiesisch.

Wörter, die zur Zeit der Auswanderung noch nicht existierten, wurden später aus dem Portugiesischen entliehen und ins Deutsche eingefügt. Hier ein Beispiel:

„Morje frieh kimmt de Camion (Lastkraftwagen) unn huult es Gemies.“ (Dieser Satz fiel bei einer Familie, die Landwirtschaft betrieb und Gemüse zum Verkauf anbaute.)

Das Fernsehen sendet ausschließlich in der Landessprache, was eine ältere (um nicht zu sagen *alte*) Deutsch-Brasilianerin veranlasste, einen Reisegast zu fragen, ob er Portugiesisch verstünde, was der verneinen musste. Daraufhin meinte die alte Frau nachdenklich: „Unn wie is das? Dann könne Se doch auch nit fernsehn, drauß.“ (Mit *drauß* war Deutschland gemeint. Es war für sie logisch: Man spricht zu Hause zwar Deutsch, aber das Fernsehen ist doch in Portugiesisch.)

Auf einer Raststätte beobachtete ein etwa dreizehnjähriger Junge die deutsche Reisegruppe. Wie sich herausstellte, verstand er auch, was gesprochen wurde, denn mit einem Mal schaltete er sich ins Gespräch ein und fragte:

„Kommt Ihr von drauß?“, was ihm bestätigt wurde. Die Leute unterhielten sich eine Weile mit ihm, was beiden Seiten Spaß zu machen schien. Zum Abschied sagte er: „Ich komme aach emol en Daach bei euch vorbei.“

Für die beiden nachfolgenden Geschichten verbürgt sich ein mir bekannter Bankangestellter.

Vertrauen ist gut, Kontrolle ist besser

Es geschah in den sechziger Jahren, als eine alte Frau mit ihrem Sparbuch an den Bankschalter kam und die Auszahlung ihrer gesamten Ersparnisse verlangte.

Der Kassierer berechnete die restlichen Zinsen und zahlte ihr den Gesamtbetrag, also Erspartes plus Zinsen, aus.

Die Frau zählte das Geld nach und meinte: „Jo, dann isses gut. Dann könne Se's wiere nemme."

Der Kassierer fragte verwirrt: „Wie, Sie wollen das Geld gar nicht?"

„Nää", entgegnete die Kundin, „ich wollt nore mo noogucke, ob's noch do is."

Die Sache mit dem Telefon

Dieselbe Frau kam eines Tages und meinte: „Sie honn doch en Telefon. Könne Se emol mei Verwande in Trier aanrufe?"

Der Bankangestellte, an derartige Wünsche seiner Kunden nicht gewöhnt, schaute sie verblüfft an. Da er aber die Kundin nicht verprellen wollte, fragte er nach der Nummer des Teilnehmers in Trier.

„Was for en Nummer?", wunderte sich die Frau.

Der Bankangestellte erklärte ihr, dass er die Nummer ihrer Verwandten benötige, worauf sie sagte: „Ei, die honn doch kää Telefon. Es langt doch, wenn Sie ens honn."

Beim Metzger

Die Petra arbeitete als Fleischereiverkäuferin in einer Metzgerei. Eines Tages kam ein junger Mann in den Laden, der ihr auf Anhieb so gut gefiel, dass es ihr „fast die Sprache verschlug“. Und ausgerechnet sie musste ihn bedienen.

„Ein halbes Pfund Met!“, verlangte er und lächelte Petra an. Sie spürte wie ihre Knie weich wurden, und während ihr Bewusstsein dahinschwand, wiederholte sie seinen Wunsch und setzte hinzu: „Am Stück oder geschnitten?“

Er sah sie groß an und sagte schmunzelnd: „Geschnitten!“

Eine schlechte Ausrede

Werbung ist alles, dachte sich ein Maler und bat einen Geschäftsmann, ein paar seiner Bilder in seinem Schaufenster auszustellen. Der Mann tat ihm den Gefallen und entschied sich für zwei seiner Werke.

Nach ein paar Tagen ging der Maler mit einem Freund an dem Schaufenster vorbei und sah, dass umdekoriert war und seine Bilder jetzt fehlten.

Die beiden Männer gingen in den Laden und erkundigten sich nach dem Grund.

„Die Bilder waren zu sehr der Sonne ausgesetzt“, bediente sich der Ladeninhaber einer Ausrede.

Der Maler schnappte sich daraufhin seine Kunstwerke und sagte zu seinem Freund:

„Komm, mer gehn! Hier sinn mer nit wert, dass uus die Sonn’ bescheint!“

Die Uhrreparatur

Manchmal will etwas partout nicht gelingen. So ging es auch einem Uhrmacher, der für einen Kunden eine Uhr reparieren sollte. Er nahm das gute Stück ganz auseinander und, da er keinen Fehler und auch kein defektes Teil gefunden hatte, baute er alles wieder zusammen.

Nach menschlichem Ermessen hätte die Uhr gehen müssen; sie tat es aber dennoch nicht.

Als der Kunde kam und sie abholen wollte, sagte der Uhrmacher:

„Die Uhr is gemach; se kost fünf Marek, awer gehn duut se immer noch nit.“

Ein triftiger Scheidungsgrund

Dass die Evi ihren Ferdinand damals nur des Geldes wegen geheiratet hatte, war allgemein bekannt. Fünf Jahre hielt die Ehe einigermaßen, aber dann nahmen die Streitereien dermaßen zu, dass die Evi schon der vierjährigen Sarah wegen auf einer Scheidung bestand.

Doch der Ferdinand liebte seine Frau und seine Tochter und wollte sie auf keinen Fall verlieren.

„Geh doch mo zu 'ner Eheberatung!", rieten ihm seine Freunde, was er auch tat. Aber der Therapeut wollte natürlich auch seine Frau kennenlernen und mit ihr sprechen. Zunächst allein.

Auf seine Fragen gestand die Evi, dass sie die ständigen Streitereien zermürbten und dass sie ihren Mann nicht liebe, ja überhaupt nie geliebt habe und mittlerweile würde sie alles an ihm stören.

„Ja, aber als Sie ihn heirateten, da muss es doch irgendetwas gegeben haben, was Sie an ihm fasziniert hat. Überlegen Sie mal genau. Darauf könnten wir versuchen, die Beziehung wieder neu aufzubauen."

„Das geht nit meh", sagte die Evi ehrlich. „Do is neist meh devun do. Das hommer all ausgenn."

Ein Prozent ist nicht überall ein Prozent

Einmal sahen sich einige Frauen einen Diavortrag über ein Dritte-Welt-Land an.

Der Vortragende erzählte, dass es in jenem Land allerdings nur ein Prozent Analphabeten gäbe.

Darüber wunderte sich eine Frau: „Nur ään Prozent Analphabete? Ei, dann sinn bei uus awer meh. Na ja, mer sinn jo aach meh."

So kann man's auch sehen

Peter Back, de Backsteinpeere, wie ihn die Leute im Dorf nannten, verstand es, so ziemlich aus allem ein Geschäft zu machen. Er war immer allen anderen um eine Nasenlänge voraus, und schöpfte schon den Rahm ab, ehe überhaupt jemand daran dachte. Auch scheute er sich vor keiner Arbeit, selbst wenn man mal schmutzige Finger dabei bekam. Auf diese Weise hatte er es zu einem beachtlichen Vermögen gebracht.

Seine einzige Tochter Marianne galt daher als gute Partie. Als sie eines Tages ihrem Vater ihren neuen Freund vorstellte und von Heirat sprach, fragte ihr Vater den jungen Mann, ob er Marianne auch heiraten würde, wenn sie ganz arm wäre und keine große Erbschaft zu erwarten sei.

„Allemol!", entgegnete der Auserwählte. „Ich gucke doch nit uffs Geld! Selbst wenn's nit meh hätt, wie grad es Hemd uff em Leib, dann däät ich's heirate."

„Sooo?", meinte daraufhin der Backsteinpeere und sah ihn groß an.

„Also, wenn's no mir ging, dann bekämst de's nit. So en Trottel hätt ich mer als Schwiejersohn nit ausgesucht. E bissje geschäftsdichtich, das kammer doch verlange. Awer vielleicht lehrst de's jo noch in uuser Familich."

Erbschaftsstreit

Als der kinderlose Jakob gestorben war, zankte sich seine gesamte weit verzweigte Verwandtschaft ums Erbe.

Auf einmal sagte der Wortführer der einen Gruppe zur anderen: „Der hätt' eh' neist krieht, awer jetzt, wo der so frech seid, krieht der gar neist."

Die arme alte Zeit

Die folgende Geschichte hat sich Ende der zwanziger Jahre zugetragen. In einer Zeit also, in der es wirtschaftlich nicht zum Besten stand.

Ein Hunsrücker Schmiedemeister hatte zwei Gesellen und einen Lehrling in seiner Werkstatt beschäftigt. Damals wurden die Angestellten, was allgemein üblich war, neben einem verhältnismäßig geringen Lohn von der Familie des Meisters verköstigt.

An einem Freitag gab es eingelegte Salzheringe und Pellkartoffeln zum Mittagessen. Der Lehrling hatte schon einen Hering gegessen und wollte sich gerade einen zweiten nehmen, als ihn der Meister scharf ansah und sagte:

„Wer meh wie ääne Hering isst, is en Sau!"

Der gute Kuchen

Die Emma hatte einen wunderschönen Käsekuchen gebacken und war am Sonntagnachmittag gerade dabei, ihn aufzuschneiden, als die Schwester ihres Mannes mit ihrem Mann und den vier Kindern in den Hof einbog. Die Emma ärgerte sich, weil die liebe Verwandtschaft mal wieder zur Kaffeezeit kam. Außerdem waren die vier Bälger ewig hungrig. Da würde der eine Käsekuchen noch nicht mal für alle ausreichen. Kurzerhand schob sie ihn unter die Chaiselongue. Wenn sie dem Besuch nichts anbot, würde er sich schnell wieder verziehen, und dann konnte sie mit ihrem Mann hinterher in Ruhe Kaffee trinken.

Doch daraus wurde nichts, denn als der Besuch, der sich tatsächlich bald wieder verabschiedete, gegangen war und die Emma die Kuchenplatte unter dem Chaiselongue hervorzog, war sie leer. Der Hund hatte sich klammheimlich über den Käsekuchen hergemacht. „Ei, dann hätt' ich en aach de Kinn genn kenne", meinte die Emma, „jetz hommer doch neist!"

Gefährliche Suppe

Im Dorf war Kirmes, und die Verwandtschaft hatte sich zum traditionellen Kirmesessen eingefunden. Man unterhielt sich sehr lebhaft, denn es gab wie immer viel zu erzählen.
Als die Markklößchensuppe glühend heiß auf den Tisch kam und sich jeder bedient hatte, rührten alle vorsichtig darin und warteten, bis sie sich ein bisschen abgekühlt hatte.

Nur der Onkel schien sehr hungrig zu sein, weil er gleich darüber herfiel. Wie nicht anders zu erwarten, verbrannte er sich den Mund.

Vor Schreck sprang er von der Bank auf, und dabei entfuhr ihm sehr lautstark ein Geräusch, das er sonst wohl unterdrückt hätte.

„Awer Fritz!“, sagte seine Frau und blickte ihn vorwurfsvoll an.

„Ach!“, stöhnte er nur. „Das wor de enzisch, de Glick hatt’. Die annere sinn all verbrannt.“

Hunsrücker Humor

Der Gerd wiegt annähernd zwei Zentner. Man kennt ihn gar nicht anders. Eines Tages in der Mittagspause im Betrieb, als er mit seinen Kollegen in der Kantine beim Essen saß, wurde er andauernd von irgendjemandem angesprochen und musste Rede und Antwort stehen.

Auf einmal sagte ein Kollege: „Jetzt losst de arme Kerl doch emol esse. Es is kää Wunner, dass de in letzder Zeit so abnimmt, wenn der den aandauernd steert."

Der verfressene Kusseng (Cousin)

Eines sonntags nachmittags, als Stuffels Lenchen mit ihrem Mann, dem Jupp, beim Kaffee saß, kam wieder mal ihr Cousin zu einem Besuch vorbei. Er schien es zu riechen, wenn was Gutes auf dem Tisch stand, und brachte auch immer einen guten Appetit mit. Und da er Junggeselle war und ihn zu Hause keine Frau verwöhnte, hatte Lenchen meist Mitleid mit ihm und lud ihn ein mitzuessen. Das tat sie auch diesmal.

„Ooch", meinte er da, „eich honn dehäm schun Kaffi getrunk, awer so e bissje muufele, könnt mer jo noch." Und ungeniert aß er den ganzen Rest vom Apfelkuchen auf.

Der Jupp war gar nicht mehr dazu gekommen, sich noch ein Stück zu nehmen.

„Wenn de es nächste Mol kimmst", sagte er da, „dann du'ste dehäm muufele un bei uus de Kaffi trinke."

Vorsicht Hühner!

Früher ging es vielerorts auf dem Land doch recht beschaulich zu, denn die folgende Geschichte wäre heute nicht mehr denkbar.

Im Sommer, wenn es so richtig heiß war, standen meist Haus- und Küchentür sperrangelweit offen, und da die Hühner immer frei herumliefen, konnte es auch schon mal vorkommen, dass sie bis in die Küche spazierten und nach Futter suchten.

So waren sie der Katherin, die alles nicht so ganz genau nahm – wie wäre sie sonst auch zurecht gekommen mit fünf Buben, altersmäßig dicht beieinander, dazu Landwirtschaft und Haushalt – schon manchmal ans Essen oder an die Vorräte gegangen, wenn sie nicht aufgepasst hatte.

Am jenem Tag, von dem hier erzählt werden soll, hatte die Katherin einen großen Topf Linsensuppe gekocht und wartete nun darauf, dass ihr Mann und die Jungs zum Essen kommen sollten. Sie hatte schon ein paar Mal gerufen, aber keiner reagierte, selbst da noch nicht, als sie hinzugefügt hatte: „Ich honn die Supp schunn ausgescheppt!“

Da packte sie die Wut, denn sie wollte ja mit ihrer Arbeit weitermachen. Sie rief: „Wenn der awei nit kommt, honn die Hinkel die ganz Supp gefress!“

Der Hellseher

Eines Nachts wurden die Minna und der Wilhelm recht unsanft geweckt. Auf der Straße war ein furchtbarer Lärm, und als sie den Fensterladen öffneten und aus dem Fenster sahen, bemerkten sie, dass das Nachbarhaus brannte.

Die Minna regte sich entsetzlich auf, weil sie befürchtete, das Feuer könnte auf ihr Haus übergreifen.

Während ihr Mann sich fertig machte, um beim Löschen zu helfen, meinte er gelassen:

„Berujich dich, es Nächste, was brennt, is weirer weg."

Eine ehrliche Antwort

Der Schorsch und die Anna wollten heiraten. Es war nicht gerade die große Liebe, aber man wusste, was man von dem andern zu halten hatte, und man achtete sich gegenseitig. Und das ist ja auch nicht wenig.

In einer *schwachen Stunde*, als der Schorsch seine Anna im Arm hielt, sagte er:

„Eich sinn jo nit grad de Scheenste, das wääß ich selwer, unn deshalb sinn eich froh, dass dau meich nimmst."

„Oach, mach der do driewer kää unneerische Gedanke", tröstete ihn die Anna, „dau bist jo doch die meist Zeit uff de Arwet."

Lottoglück

Obwohl sie wenig Geld hat, spielt die Hilda jede Woche Lotto. Ihre Freundin hat schon verschiedentlich versucht, sie davon abzubringen, indem sie ihr immer vorrechnet, wie gering die Gewinnchancen sind, aber ohne Erfolg. Die Hilda spielt munter weiter.

„Dau wirst's nit glaawe", sagt sie eines Tages, „awer eich honn zehn Euro gewunn." Und als die Freundin nachhakt und wissen will, ob es genau zehn Euro gewesen wären, da gibt die Hilda kleinlaut zu, dass ihr der Wind auf dem Parkplatz vor der Lottoannahmestelle einen Zehn-Euro-Schein genau vor die Füße geweht habe, und wenn sie nicht gerade dort entlanggegangen wäre, um ihren Tippschein abzugeben, hätte sie ja auch den Schein nicht finden können.

Woran man einen guten Anstreicher erkennt

Früher, als es noch keine Plastikfolien zum Abdecken gab, musste man sich bei manchen Arbeiten sehr in Acht nehmen. Das galt besonders für die Anstreicher.

Aber der Handwerker, den sich die Frieda bestellt hatte, um ihre Küche zu weißen, der hatte sich nicht daran gehalten.

Sie sprach ihn darauf an und meinte: „Dau host mer awer ganz scheen de Boorem versaut."

Er besah sich sein „Werk", überlegte kurz und antwortete:

„Wer neist uff de Boorem brengt, de brengt aach neist aan die Wänn."

Ein Bad, etwas Seltenes

Früher gab es kaum ein Bad in einem Privathaus. Samstags abends stellte man eine Waschbütt in die Küche, füllte sie mit warmem Wasser, und dann badete die ganze Familie nacheinander darin.

Es gab aber auch öffentliche Badehäuser. In Brücken bei Birkenfeld zum Beispiel war ein solches Badehaus dem Schwesternhaus angeschlossen. Dort gab es sogar Solebäder für Kinder und einen gemütlichen Ruheraum, den man zum Ausruhen nach dem Bad benutzen konnte.

Eines Tages kam aus einem der Nachbardörfer ein sehr großer Mann, von dem man wusste, dass er lange Zeit in der Garde gedient hatte. Er badete ausgiebig, und als er endlich fertig war, da meinte er: „Hot das gut gedoon. Das honn ich seit meiner Militärzeit nit meh gemach. Ich basse jo in kää Wäschbiet."

Der Devotionalienhändler

Spabrücken ist ein weithin bekannter und gern besuchter Wallfahrtsort.

An den Wallfahrtstagen finden sich immer wieder Händler ein, die der Andacht und der Frömmigkeit dienende Gegenstände verkaufen, also Rosenkränze, Weihwassergefäße, Heiligenbildchen, Kreuzanhänger und dergleichen.

Da die Wallfahrer meist in Gruppen ankommen, haben die Händler bei Ankunft einer größeren Gruppe gar nicht genug Hände, um die Kunden alle gleichzeitig zu bedienen.

Nun kann es hin und wieder vorkommen, dass sich unter den frommen Wallfahrern auch mal ein „schwarzes Schaf" befindet und etwas „mitgehen" lässt.

Das war auch eines Tages passiert. Als es der Händler bemerkte, war der Täter längst verschwunden, und er konnte seiner Wut nur noch mit Worten Luft machen: „Verdammt noch mol!", sagte er. „Is mer doch schunn wiere so en geschnitzt Herrgottche bei de Deiwel gang!"

Maulfaul

Der Willem und der Hannes hatten fast ein halbes Jahr ununterbrochen in den Niederlanden gearbeitet. Aber jetzt zur Kirmes ließen sie es sich nicht nehmen, nach Hause zu fahren. Ab Köln fiel

dem Willem auf, dass der Hannes bei jeder Station, an der der Zug hielt, aufsprang und sein Gepäck kontrollierte.

Auf die Frage, was das zu bedeuten habe, antwortete der Hannes: „Eich basse uff mei Gepäck uff, dass do neist stibitzt werd. Mit deim Koffer is als devor schunn ääner ausgestieh."

Gekonnt

Heute sind uneheliche Kinder nichts Außergewöhnliches mehr. Aber vor noch gar nicht allzu langer Zeit sah die Sache ein bisschen anders aus. Da galt ein Mädchen, das ein nichteheliches Kind bekam, als entehrt.

So konnte sich auch der Ewald gar nicht damit abfinden, dass ausgerechnet seiner Tochter ein solches „Missgeschick" passiert war. Er unterhielt sich mit seinem Arbeitskollegen darüber und meinte abschließend: „Annere Mädcher zehn mo – unn neist, unn uus Friedche äämo – unn da!"

Mer honn's jo nit gelehrt

Die Gertrud und die Adele, zwei Hunsrücker Bäuerinnen, spielten seit einem Jahr gemeinsam Lotto, was bedeutete, dass sie den Einsatz teilten und auch beabsichtigten, einen eventuellen Gewinn zu teilen. Als Lottozahlen nahmen sie stets ihr Geburtsdatum. So kamen sie nicht durcheinander und konnten samstags bei der Ziehung der Lottozahlen gleich erkennen, ob sie gewonnen hatten, was bisher leider noch nie der Fall gewesen war. Deshalb wollte die Adele schon öfter aufhören zu spielen. Aber die Gertrud bekam ihre Freundin immer wieder dazu, weiterzumachen. Wenn sonst nichts mehr half, dann erinnerte sie daran, dass sie ja sonst nie die Möglichkeit hätten, mit einem Schlag Millionärinnen zu werden, was schließlich die Adele wieder überzeugte.

Doch eines Tages wollte sie von ihrer Freundin mal wissen, was sie eigentlich mit so viel Geld machen würde.

„Ei, ich däät emo en Schiffstour uff em Rhein mache, en große Eisbecher esse und de Rest däät ich de Kinn genn. Mer honn's jo nit gelehrt, so viel Geld auszegenn.

Darauf muss man einen trinken

Der Helmut und der Kurt, zwei gute Freunde, arbeiteten zusammen in derselben Firma und gingen nach Dienstschluss auch immer zusammen nach Hause. Da ihr Nachhauseweg an ihrer Stammkneipe vorbei führte, kehrten sie dort regelmäßig kurz ein und tranken ein Bierchen. Es war schon regelrecht zur Gewohnheit geworden, bis eines Tages der Helmut meinte: „Das geht so nit weirer. Mer misse das aach ohne schaffe."

Der Kurt erklärte sich einverstanden, und so gingen sie schweren Herzens an ihrer Kneipe vorbei. Als sie etwa hundert Meter hinter sich hatten, rief der Kurt: „Mer honn's geschafft! Do druff misse mer awer ene trinke!", und sie gingen tatsächlich zurück …

Beim Hörgeräteakustiker

Der Erwin hört nicht mehr gut, er will es aber nicht wahrhaben. Auch wenn seine Emma alles dreimal sagen muss, dann behauptet er, sie würde undeutlich sprechen, und aus diesem Grund müsste er so oft nachfragen, was sie gerade gesagt habe.

Eines Tages, als die beiden gerade im Städtchen waren und bei einem Hörgeräteakustiker vorbeikamen, ließ er sich überreden, mit ins Geschäft zu gehen und einmal verschiedene Hörgeräte auszuprobieren.

Misstrauisch nahm er das ein oder andere Gerät in die Hand, betrachtete es und legte es wieder auf den Tisch.

Auf einmal sagte der Verkäufer: „Schauen Sie mal dieses hier. Das ist das allerkleinste und unauffälligste. Ich trage es selbst. Man sieht es nicht, und man spürt es nicht."

„Was würde das dann kosten?", fragte der Erwin.

„Aber nein!", antwortete der Akustiker, „das rostet doch nicht!"

„Komm, Erwin!", befahl da die Emma, „die Dinger, die roste zwar nit, awer besser heere kannste do demit aach nit."

Ohne Brille geht gar nichts

Der Jakob wurde wegen überhöhter Geschwindigkeit von der Polizei gestoppt. Als er zahlen sollte, versuchte er, mit den Beamten zu handeln. Die ließen sich jedoch auf keinen Kompromiss ein, füllten einen Strafzettel aus und reichten ihn dem Jakob. Der guckte kurz drauf, gab ihn zurück und sagte: „Ich kann das nit lese. Ich honn mei Brill dehäm vergess. Also, wie viel wolle Sie?"

Daraufhin wurde ein neuer Strafzettel mit einem höheren Betrag ausgefüllt, der Führerschein erst mal eingezogen und der Jakob zum Augenarzt zum Sehtest geschickt.

Unscharfes Fernsehbild

Abends pünktlich um neunzehn Uhr schalten das Kättchen und der Jupp ihren Fernseher an, um die Nachrichten zu hören und um sich anschließend einen gemütlichen Fernsehabend zu machen.

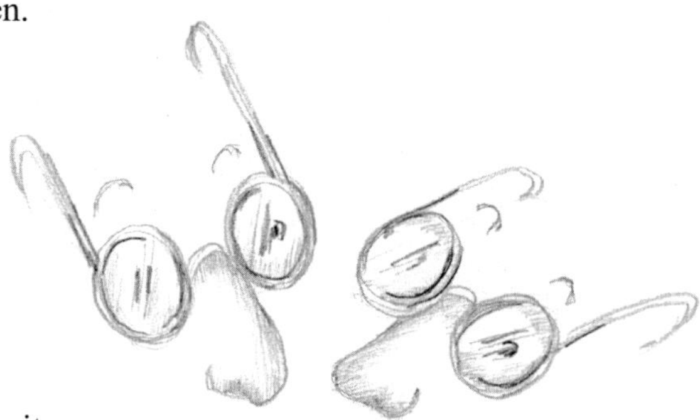

An einem Abend jedoch da stimmte etwas nicht mit dem Gerät. Der Jupp versuchte, die Feineinstellung zu verändern, aber das Bild wollte einfach nicht schärfer werden.

„De kann doch noch nit kaputt sinn“, meinte das Kättchen. „De is doch noch kää Johr alt.“

„Ei, dann hommer aach noch Garandie druff“, antwortete der Jupp und rief sogleich den Kundendienst an. Der kam auch, was höchst selten der Fall ist, sofort.

Als der Jupp dem jungen Mann die Tür öffnete, sagte er etwas verlegen: „Es is jo scheen, dass de so hoordisch do warst. Awer es is schunn alles wiere in Ordnung. Mei Fraa unn ich, mer harre jo uus Brille verdauscht unn harre’s nit gemerikt.“

Die Damen bitte nicht vergessen

Die folgende Geschichte ereignete sich, als der heutige Landkreis Birkenfeld zum Großherzogtum Oldenburg gehörte. Der Großherzog, der sich von Zeit zu Zeit in seiner Residenz in Birkenfeld aufhielt, hatte während eines solchen Aufenthaltes seinen Besuch in Idar-Oberstein angekündigt. Die Stadt bereitete sich sehr sorgfältig auf den hohen Besuch vor, und als dieser kam, waren die Straßen sauber und geschmückt. Die Kinder hatten schulfrei bekommen, und unzählige Menschen säumten den Weg, den der Gast mit seiner Kutsche nahm.

In Idar, in der Nähe des Hotels Schützenhof, dort, wo Handelshäuser Edelsteine und Schmuckpretiosen feilboten, wurde der Großherzog von den städtischen Honoratioren empfangen, und es folgten Ansprachen, in denen er über den Zustand und das Leben in der Stadt unterrichtet wurde. Die letzte Rede hielt der Bürgermeister. Er beendete seinen Vortrag mit einem dreifachen „Hoch soll er leben!“

Fähnchen, Zylinder und Hüte wurden geschwenkt und immer wieder erklangen Vivat- und Hochrufe aus der Menge und „Es lebe der Großherzog!“

Plötzlich in diesen Jubel hinein rief eine laute Frauenstimme: „Ihnt aach! Ihnt aach!“ (Sie auch!)

Die Fahrt nach Pelverschem

Als im Hunsrück noch die Eisenbahn fuhr, kam einmal ein Mann an den Fahrkartenschalter eines kleinen Bahnhofs und verlangte eine Fahrkarte nach Pelverschem. Es gab eine lange Diskussion, weil der Schalterbeamte den Ort nicht kannte und von dem Mann den Namen der Bahnstation wissen wollte.

„Ei, das wääß ich doch selwer nit. Ich will do jemand besuche, unn de hot gesaat, das leit aan de Noh, in de Näh von Kreiznach“, erklärte er.

Daraufhin meinte der Beamte: „Dann kriehste en Kaart no Kreiznach unn domit basta!“

„Ich will awer nit no Kreiznach. Wenn ich nämlich frieher aussteije muss, dann wär’ das doch billicher. Dann kannste awer glaawe, dass ich mer bei dir das Geld zerickhuule, was ich dann zeviel bezahlt honn.“

Hinter ihm maulte jemand, weil das ganze Hin und Her schon so lange gedauert hatte und bezeichnete ihn als Hungerleider. Er drehte sich um und sah, dass es ein Mann aus dem Nachbardorf war, der vermutlich zu diesem Bahnhof gekommen war, um die ersten Kilometer seiner Fahrt einzusparen, denn von seinem Heimatbahnhof hätte er ein paar Pfennige mehr bezahlen müssen. Das kam unserm guten Mann, der nach Pelverschem wollte, gerade recht: „Hal’ dau dei dumm Maul!“, sagte er. „Dau bist doch selwer en Hungerleider! Kimmst aan uuse Bahnhof, weil de von hie aus fünf Penning sparst.“

Wenn ein Acker nicht mehr trägt

In den Dörfern gab es früher oft irgendwelche *Originale*. Es waren meistens Männer mit solch skurrilen Eigenschaften, dass sie sich aus der Masse der Menschen hervorhoben. (Die gibt es heute zwar auch noch, aber da man zurückgezogener lebt, fallen sie nicht mehr auf.)

In meiner Geschichte handelt es sich um den Hanjob, der eine kleine Landwirtschaft betrieb und deshalb vielleicht mehr als andere auf die Erträge seiner Äcker angewiesen war. Daher fiel es auch allen auf, dass er seinen Acker, der direkt am Waldrand lag, nicht mehr bebaute. Jemand sprach ihn darauf an.

Er kratzte sich am Kopf, ehe er antwortete: „Das Stick (der Acker) is schunn zu alt, das dräät (trägt) nit meh, unn außerdem hommer die Meis (Mäuse) das ganze Stick verbiss. Das leit zu nächst am Wald.“

Die verdrehte Mistgabel

Der Vinzenz war ein fleißiger Mann. Er arbeite auf der Rheinböller Hütte und betrieb zusätzlich eine Nebenerwerbs-Landwirtschaft. Die dort anfallenden Arbeiten mussten natürlich alle nach Feierabend verrichtet werden.

So war ihm abends beim Mist laden die Mistgabel zerbrochen. Er hatte zwar noch Ersatz und brauchte seine Arbeit nicht zu unterbrechen, aber genau diese Reserve musste man auch haben. Das sah man ja jetzt.

Am nächsten Tag fragte er auf der Hütte, ob er sich eine neue Mistgabel machen dürfe, denn er wusste, es gab eine Form, die zwar zerbrochen war, aber wenn man sie in einen Kasten mit Sand setzte, dann konnte man sie noch benutzen. Über den Kasten kam ein Deckel mit Trichter, durch den das geschmolzene flüssige Metall gegossen werden sollte.

Wie es der Zufall wollte, wurde der Vinzenz gerade, als er noch am rumbosseln war, rausgerufen, und in der Zwischenzeit öffneten die Kumpels den Kasten und drehten einen Teil der Form um, so dass die Spitzen der Gabel zum Stiel zeigten.

Als der Vinzenz zurückkam, merkte er nichts. Erst als der Guss abgekühlt war und er den Deckel des Kastens öffnete, rief er:

„Dunnerkeil! Die hot sich jo während em Gieße gewendt!"

Hunsrücker Blasmusik

Der Musikverein machte gerade eine schlimme Phase durch. Die jungen Leute, falls sie überhaupt kamen, erschienen nur unpünktlich zu den Proben. Meistens aber schwänzten sie.

So waren an einem Probenabend gerade mal fünf Blechbläser erschienen. Sie zögerten, sollte man zu fünft überhaupt spielen? Schließlich packten sie doch ihre Noten aus und legten sie auf die Notenständer.

Da immer mit demselben Musikstück begonnen wurde, brauchte man nicht zu fragen, was gespielt werden sollte.

Der fünfte Musiker hatte jedoch andere Noten aufliegen und spielte sie auch. Da merkten die anderen vier, dass irgendetwas nicht stimmte und passten sich dem fünften an.

Ein anderer Musikverein, der gerade erst neu gegründet worden war, wurde gebeten, bei der Fronleichnamsprozession zu spielen.

„Das geht nit“, meinte der Dirigent, „mer honn doch grad erst aangefang. Mer kenne bloß en enzische Choral: *Großer Gott, wir loben dich.*“

„Das mischt neist! Hauptsach, der hot Mussik debei. Der zieht jo durch die Stroße, do merke die Leit nit, wenn der immer dasselwe spiele duut“, wurde er belehrt. Gesagt, getan, und es klappte wunderbar.

Nun war am darauffolgenden Sonntag in dem kleinen Nachbardörfchen Kirmes und in der einzigen Gaststätte Tanz. Doch die zwei Musiker, die zum Tanz aufspielen sollten, wurden plötzlich krank und mussten absagen. Wo sollte der Wirt nun so kurzfristig Ersatz herbekommen?

In seiner Not fiel ihm der neu gegründete Musikverein ein, den er beim Fronleichnamsumzug gehört hatte. Er fragte, ob man vielleicht auch bei ihm zum Tanz aufspielen könne und bekam die gleiche Antwort wie die Organisatoren der Fronleichnamsprozession.

„Ihr misst mer awer helfe!“, bettelte der Wirt voller Verzweiflung. „Das geht doch nit, dass die Leit aan de Kerb nit danze kenne!“

„Na ja“, ließ sich der Dirigent umstimmen, „dann spiele mer halt *Großer Gott, wir loben dich* im Dreiviertel-Takt. Do kammer druff danze.“

Das taten sie auch. Sie spielten den ganzen Abend denselben Walzer, und die Leute tanzten und hatten ihren Spaß.

Der hundertste Geburtstag

Die Anna feierte ihren hundertsten Geburtstag. Alle Nachbarn, Verwandten und Bekannten kamen, um zu gratulieren. Sogar die örtliche Presse hatte einen Fotografen geschickt, der die Anna um ein Foto bat. Schnell kämmte sie sich noch einmal durch die Haare, denn das Bild sollte ja in der Zeitung erscheinen.

Just in dem Moment kam auch der Bürgermeister.

Der junge Pressefotograf wollte die Gelegenheit nutzen und genau in dem Augenblick fotografieren, wenn der Bürgermeister der Jubilarin gratulierte.

„Nix do!“, sagte die Anna und schlug dem Stadtoberhaupt mit dem Kamm auf die Finger. „De hot sich das ganz Lewe lang nit um meich gekimmert, dann brauch de das jetz aach nit.“

Ganz vorsichtig überreichte er ihr daraufhin seinen Blumenstrauß. Aber auch den wollte die Anna nicht. Sie riss den Blumen die Köpfe ab und warf dem Bürgermeister alles vor die Füße.

Diamantene Hochzeit

Die Berta und der Wilhelm feierten das seltene Fest der Diamantenen Hochzeit. Da ließ es sich auch der Landrat nicht nehmen, persönlich zu gratulieren. Als er seine Glückwünsche ausgesprochen hatte, sagte er zum Bräutigam: „Das ist die erste Diamantene Hochzeit, die ich miterlebe.“

Der alte Herr sah ihn groß an und gab zur Antwort: „Se weren’s nit glaawe, ich aach.“

Mütterliche Probleme

Elke und Renate sind Freundinnen und wenn sie sich treffen, reden sie meist über ihre heranwachsenden Töchter, die ebenfalls miteinander befreundet sind. Als Elke einmal einen Vorfall erwähnte, der eigentlich die Tochter ihrer Freundin betraf, musste diese erstaunt zugeben, dass sie überhaupt nichts davon wusste.

„Die Sabine verziehlt mer iewerhaupt neist meh“, meinte sie.

„Dann sei froh“, gab daraufhin Elke zur Antwort. „Die Tina verziehlt mer alles, unn das is viel schlimmer.“

Altersunterschied

Mit siebzehn fing Leonie an zu betteln und wollte unbedingt den Führerschein machen. Sie war das einzige Kind ihrer Eltern, entsprechend verwöhnt und konnte nicht begreifen, warum es ihr nicht erlaubt wurde.

Ihre Mutter hätte sich vielleicht schon erweichen lassen, aber ihr Vater vertröstete sie immer wieder, indem er sagte, sie solle warten, bis sie achtzehn wäre.

An ihrem achtzehnten Geburtstag wagte Leonie dann einen Großangriff bei ihrem Vater, denn nun hatte sein Argument ja die Wirkung verloren.

„Papa!“, sagte sie triumphierend, „jetzt kannst du mich nicht mehr vertrösten. Jetzt bin ich achtzehn!“

„Ja, ja!“, antwortete der Herr Papa. „Du bist jetzt zwar achtzehn, aber mein Auto, das ist mit zwei Jahren noch zu jung für dich, und du weißt ja, was es gekostet hat.“

Die schöne Laterne

Der Kaabs-Unkel hatte in seinem Schweinestall keinen Stromanschluss und somit auch kein Licht.
Wenn es während der Wintermonate beim Füttern schon dunkel war, nahm er ganz einfach eine Laterne mit in den Stall. Es war eine sehr schöne Laterne, handgeschmiedet und mit feinen verzierten Glasscheiben.

In jenem Winter, als das Unheil geschah, zog er sogar zwei Schweine auf, und weil er nicht bei jeder Fütterung zweimal mit je einem Eimer voll Futter in der einen Hand und der Laterne in der anderen Hand den Weg in den Stall machen wollte, klemmte er sich den Laternengriff zwischen die Zähne und konnte so gleichzeitig beide Futtereimer tragen und das *mit* Licht. Praktisch!

Zufälligerweise kam einmal sein kleiner Neffe dazu, guckte ihn ganz verdattert an und fragte:

„Unkel, willst dau das Liecht fresse?"

Ziemlich ungehalten wegen einer solch dummen Frage schrie ihn der Kaabs-Unkel an:

„Nää, du Lausert!", und ließ dabei natürlich die schöne Laterne fallen, deren wundervolle Glasscheiben in tausend Stücke zersprangen.

Die überführte Lehrerin

Das Kläuschen war ein lieber Bub. Es störte bloß an ihm, dass er ständig eine Rotznase hatte. Die Lehrerin forderte ihn des Öfteren auf, die Nase zu putzen, was er dann auch jedes Mal tat. Aber kaum hatte er sein Taschentuch eingesteckt, dann war es, als hätte er es gar nicht benutzt. Und da es auch dem Kläuschen lästig war, wenn ihm die Nase fast in den Mund lief und er sie auch nicht andauernd putzen wollte, zog er sie ganz einfach hoch. Dass dies für die Umgebung nicht gerade angenehm ist, weiß jeder.

Als Kläuschen vor Weihnachten frisch gebackenen Lebkuchen von zu Hause mitbrachte und ihn der Lehrerin anbot, lehnte diese mit der Begründung ab, sie habe gerade erst gefrühstückt, worauf Kläuschen antwortete: „Se brauche kää Ängscht ze honn. Ich honn aach devon gess unn honn kää Bauchweh krieht.“

Albträume

Die Eltern können es sich nicht erklären, wieso ihre fünfjährige Tochter Emily des Öfteren nachts Albträume bekommt, aufwacht und nicht mehr weiterschlafen kann.

Der Kinderarzt meint zwar, wenn keine triftigen Gründe vorlägen, müsste man sich keine Sorgen machen. Die Eltern sollten ihre Tochter nach einem solchen Traum beruhigen, eventuell ein Licht im Kinderzimmer brennen lassen und auf keinen Fall in Emilys Gegenwart die Sache dramatisieren, eher herunterspielen. Das würde sich mit der Zeit von selbst legen. Kinder hätten nun mal sehr viel Phantasie, die sie auch bis in ihre Träume begleite.

Eines Abends entbrannte vor dem Zubettgehen mal wieder eine heftige Diskussion zwischen Emily und ihren Eltern.

Da meinte die Mutter beruhigend: „Du weißt doch, Emily, du kannst mich jederzeit in der Nacht rufen. Papa kommt dann sofort.“

Gut beobachtet und richtig wahrgenommen

Der kleine Peter lässt sich gerne von seiner Mutter oder seiner Großmutter auf dem Schoß halten. Besonders, wenn er getröstet werden will, weil ihm nach einem Sturz etwas weh tut, oder wenn er etwas, was er gern haben möchte, nicht bekommt. Dann krabbelt er auf den Schoß, der gerade verfügbar ist, was meistens bei der Oma der Fall ist.

Eines Tages sagte er zu ihr – ihr ein Kompliment zu machen, daran dachte er sicher nicht, er stellte einfach nur fest: „Oma, bei dir ist es so schön weich, aber bei der Mama ist mehr Platz.“

Wann und wo wächst man?

Jeden Abend derselbe Zirkus. Die fünfjährige Christiane will absolut nicht ins Bett. Sie hat immer tausend Ausreden parat. Entweder hat sie noch Hunger oder Durst, dem Papa noch nicht Gute Nacht gesagt, oder sie muss noch einmal auf die Toilette, dann endlose Diskussionen mit der Mutter und schließlich die obligatorische Frage: „Warum muss ich immer so früh ins Bett?"

Doch eines Abends gibt sie sich mit der stereotypen Antwort der Mutter, weil sie noch so klein sei, nicht zufrieden und meint: „Aber drauße wachse ich viel schneller als im Bett."

Eine kesse kleine Biene

Die jetzige Geschichte ereignete sich in den fünfziger Jahren, als auf dem Land die Haustüren noch nicht abgeschlossen wurden. Man betrat ganz einfach den Hausflur und klopfte an die Tür, hinter der man die Bewohner des Hauses sprechen hörte oder vermutete, und auf die Aufforderung „herein!“ trat man ein.

Kinder machten sich die Sache noch einfacher. Sie gingen ganz einfach in ein Nachbarhaus, wenn sie merkten, dass sie dort gern gesehene Gäste waren.

Das tat auch die kleine Renate, von der hier erzählt werden soll. Sie war ein entzückendes Mädchen, äußerst charmant und mit einem süßen kleinen Sprachfehler: Sie konnte noch kein R aussprechen. Sie machte ganz einfach das R zum L, was ihrer Sprache einen besonderen Reiz verlieh, und sie besuchte mit Vorliebe eine Nachbarin, die sie mit „Tante“ ansprach. In dem Nachbarhaus wurde sie jedes Mal, wenn gerade Essenszeit war, eingeladen mitzuessen, was sie auch gerne annahm.

Renates Eltern sahen diesem Treiben jedoch mit gemischten Gefühlen zu. Schließlich bot das Verhalten des Kindes Grund genug für Gerede im Dorf. Man kennt das ja: Wird da zu Hause nicht richtig gekocht? Lässt man das Kind hungern? Nehmen die sich keine Zeit für die Kinder? Denn Klein-Renate hatte noch drei Geschwister.

Man verbot also dem Kind, sich fortan zum Essen einladen zu lassen. Doch Renatchen verstand nicht den auslösenden Grund und ignorierte das Verbot. Da griffen die Eltern zu drastischeren Maßnahmen, erteilten der Kleinen Ausgangsverbot und informierten die Nachbarn.

Zwei Tage hielt es Klein-Renate aus, dann fing sie an zu quengeln.

Schließlich ließ sich die Mutter erweichen.

Endlich! Endlich, durfte sie wieder hinaus in die Sonne!

Die Nachbarin, wegen der sie so lange eingesperrt war, und die sie eigentlich so gern mochte, arbeitete im Garten. Und weil keine Kinder in der Nähe zu sehen waren, wagte sie sich langsam an die Nachbarin heran.

„Ei, da bist du ja wieder!“, rief diese, „darfst du jetzt wieder raus?“

Renate seufzte: „Ja, ich bin floh, dass ich laus bin!“

Haarwuchs

Von Klein-Renate gibt es noch eine Geschichte zu erzählen:

Eines Tages saß sie mit ihrer zwei Jahre älteren Schwester Gisela auf der Haustreppe, wo die beiden mit Puppen spielten.

Die Türen standen offen, und die Mutter konnte von der Küche aus hören, was die beiden sprachen. Sie unterhielten sich darüber, dass bei den Puppen die Haare nicht wuchsen und folglich auch nicht geschnitten werden mussten, was bei ihnen selbst allerdings nicht der Fall war. Ihre Haare wuchsen und mussten von Zeit zu Zeit geschnitten werden. Sie überlegten hin und her, wie es dazu kam, dass ihre Haare wuchsen, und da auch die ältere Gisela nicht wusste, weshalb das so war, fand Klein-Renate eine Erklärung:

„Da sind so Lollen im Kopf, die wickeln sich ab.“ (Sie kannte das von den Garnrollen, wenn ihre Mutter an der Nähmaschine nähte.)

„Und der Onkel Alfred? Wie ist das bei dem?“, fragte die ältere Schwester. „Der hat doch gar keine Haare.“

Die Kleine überlegte eine Weile, ehe sie antwortete: „Bei dem sind die Lollen alle.“

Wie man Nägel schneidet

Der kleine Mario wollte partout nie seine Nägel geschnitten haben. Die Eltern versuchten es mit allen möglichen Tricks, aber er weigerte sich und weinte und schrie, so dass sie eines Tages auf die Idee kamen, den Fernseher einzuschalten, um ihn abzulenken, was auch wunderbar funktionierte, da der Kleine sonst nie fernsehen durfte.

Die Eltern achteten sehr darauf und schalteten erst ein, wenn der Kleine schlief.

Eines Tages kamen sie nach einem Verwandtenbesuch erst am späten Nachmittag zurück.

Da Mario an diesem Tag überhaupt nicht an der frischen Luft war, machte die Familie noch einen kleinen Spaziergang um den Häuserblock. Es war schon dämmrig, und man konnte bei einem Haus von der Straße aus ins Wohnzimmer schauen, wo ein Fernseher lief.

Mario meinte plötzlich ganz verwundert: „Guck mal, Mama, die schneiden Nägel!“

Oma und Enkel

Claudia und Stefan wollten nach Koblenz zum Einkaufen fahren. Deshalb brachten sie ihre beiden Kinder zur Großmutter.

Doch denen wurde es schon bald langweilig, und die Großmutter musste sich ständig neue Spiele einfallen lassen. Als beim „Mensch ärgere Dich nicht"-Spiel plötzlich der Würfel zu Boden fiel, bat sie ihren Enkel, den Würfel aufzuheben.

Der überlegte kurz und meinte dann altklug: „Ach, Oma, bück dau dich, dei Kreiz is doch sowieso schunn kaputt."

Anstand

Zum Mittagessen gab's Nudeln und Gulasch. Als der vierjährige Thomas sah, dass sich in Großvaters Schnurrbart ein kleines Stückchen von einer Nudel verfangen hatte, sagte er: „Opa, dau host en Nurel aan de Schniss."

„So was säät mer nit!", korrigierte die Mutter ihren Sohn.

Der meinte daraufhin: „Ei, ich kann zum Opa seiner Fress doch nit Maul saan."

Der heilige Neckermann

Zum Ende des Schuljahres machte die Lehrerin mit ihrer vierten Klasse einen Ausflug an die Mosel, besichtigte mit den Kindern eine Burg und verbrachte hinterher einige Zeit mit ihnen in der Stadt, wo sie ihnen nach einem kurzen Aufenthalt in einem Eiscafé noch einige Sehenswürdigkeiten zeigte. Unter anderem auch die Moselbrücke mit dem Brückenheiligen Nepomuk.

Am nächsten Tag, es war der letzte Schultag vor den Ferien, sollten die Kinder ein Bild malen von dem, was sie auf dem Ausflug am meisten beeindruckt hatte. Die Lehrerin fand in den Bildern dann auch alles wieder, was sie den Kindern gezeigt und erklärt hatte.

Einen Jungen schien die Moselbrücke fasziniert zu haben. Er hatte sie mit allen Einzelheiten gemalt. Sogar der Brückenheilige fehlte nicht. Verwundert las die Lehrerin die Bildunterschrift: *Brücke über die Mosel mit dem Heiligen Neckermann.*

Die nackten Ritter

Eine dritte Klasse war am vorletzten Schultag vor den Sommerferien zur Ruine der Schmidtburg gewandert.

Am nächsten Tag, also dem letzten Schultag vor den großen Ferien, ließ die Lehrerin einen Aufsatz über den Ausflug schreiben und sammelte die Hefte ein, um die Arbeiten in den Ferien zu korrigieren.

In einem Aufsatz stand unter anderem: „… Da, wo heute Trümmer in den Himmel ragen, standen früher einmal die Burgfräulein und warteten voller Sehnsucht auf die ausgezogenen Ritter …“

Hörner aufgesetzt

Nach längerer Zeit kam der fünfjährige Patrick mal wieder mit seinen Eltern für ein paar Urlaubstage zu seinen Großeltern ins Haus. Wie immer machte er mit seiner Großmutter zunächst einen Rundgang durch Haus und Hof. Der Großvater, ein leidenschaftlicher Jäger, hatte sich ein Jagdzimmer eingerichtet und mit verschiedenen Trophäen dekoriert. Hierfür interessierte sich Patrick ganz besonders. Er betrachtete die Geweihe und Gehörne, überlegte und meinte dann ganz fachmännisch:

„Gell, Oma, gell das sinn dem Opa sei Hörner.“

Im Kindergarten ausgeplaudert

Patrick ist ein aufgewecktes kleines Kerlchen. So kommt es, dass sich die Erzieherinnen im Kindergarten gerne mit ihm unterhalten.

Eines Nachmittags erzählte er, seine Oma hätte heute Geburtstag, und als die Erzieherin meinte, dann könne er ja gar nicht am Geburtstagskaffee teilnehmen, wenn er im Kindergarten wäre, antwortete er:

„Die Oma feiert heut Mittag zuerst mit den alten Schachteln und abends mit uns."

Und auf die Frage der Kindergärtnerin, wie alt die Oma denn sei, gab er zur Antwort: „Das wisse mir noch nit so genau."

Die Sache mit dem Schwimmen

Als die Familie aus dem Urlaub am Meer zurückkam, galt der erste Besuch der Großmutter. Die fragte ihre kleine Enkelin, ob sie auch oft im Meer gebadet habe.

Prompt kam die Antwort: „Ja, Oma, sehr oft. Aber auswendig schwimmen kann ich noch nicht."

Keine Minute länger

Martin ist eine Leseratte. Besonders abends im Bett liebt er es zu lesen. Seitdem die Mutter ihn mit Buch und Taschenlampe unter der Bettdecke erwischt hat, hat sie ihm eine Leselampe übers Bett montieren lassen und erlaubt es nun offiziell vor schulfreien Tagen oder in Ausnahmesituationen.

Eines Abends fragt Martin, ob er noch ein bisschen lesen dürfe, bis er einschlafe.

„Von mir aus“, gestattet die Mutter. „Aber keine Minute länger!“

Die Getränkeröhre

Eine witzige Situation ergab sich im Kindergarten beim gemeinsamen Frühstück.

Die Kinder wurden aufgefordert, beim Essen nicht so viel zu reden, weil man sich sonst leicht verschlucken könne und infolgedessen husten müsse.

Zwei Jungs hatten sich aber etwas sehr Interessantes zu erzählen, und plötzlich verschluckte sich tatsächlich der eine, bekam einen hochroten Kopf und hustete sich fast die Seele aus dem Leib. Die Kindergärtnerin ließ ihn die Arme hochheben und klopfte ihm leicht auf den Rücken, und als er wieder richtig atmen konnte, erklärte sie den Kindern, dass beim Verschlucken Speise in die Luftröhre gelangt anstatt in die Speiseröhre.

Die Kinder hörten interessiert zu, und dann fragte ein Mädchen: „Und wo ist die Getränkeröhre?“

Wenn der Hund mit der Katz'

Es war Ende der fünfziger Jahre, als ein Hausierer durch die Dörfer zog und neben anderen Gebrauchsgegenständen auch Kaffeekannen aus Porzellan verkaufte, aber keine normalen Kaffeekannen, beziehungsweise was man sich normalerweise darunter vorstellt, sondern solche, die gleichzeitig neben ihrer Funktion als Kaffeekanne Hunde oder Katzen verkörperten. Das Unterteil der Kanne stellte den Körper des Tieres dar und der Deckel den Kopf. Es waren wunderschöne Hunde- und Katzenkannen, die allerdings auch ihren Preis hatten. Und jetzt beginnt erst unsere eigentliche Geschichte:

Annemaries Eltern waren übers Wochenende verreist, und die Achtzehnjährige nutzte die Gelegenheit, ihre Freundinnen und Freunde zu sich nach Hause einzuladen. Wann hatte man schon eine sturmfreie Bude? Die jungen Leute hörten Radiomusik, und schließlich schoben sie in der Küche Tisch und Stühle an die Wand und fingen an zu tanzen. Auf dem Küchenherd stand eine der hübschen Katzenkaffeekannen, und die darauf dargestellte Katze schaute dem munteren Treiben zu, das immer wilder und ausgelassener wurde. Doch dann bei einem Tanz geschah es: Der Arnold fegte mit weit ausgestrecktem Arm den Katzenkopf von der Kanne. Polternd fiel dieser zu Boden und zersprang in tausend Stücke. Annemiechen, wie sie manchmal genannt wurde, fing sofort an zu weinen, und da der Arnold sich schuldig fühlte und zudem keine Tränen sehen konnte, ohne weich zu werden, bot er an, von zu Hause einen Ersatzdeckel zu besorgen, denn sie hätten die gleiche Kanne, und seine Mutter würde es nicht so tragisch nehmen, wenn der Deckel fehle.

Gesagt, getan. Kurze Zeit später kam er mit einem Deckel zurück, jedoch mit einem Hundedeckel und setzte ihn der kopflosen Katze auf.

„Ach Gott!“, schluchzte Annemiechen, „wenn mei Vatter unn mei Mutter hämmkomme unn siehn, dass en Hund uff der Katz sitzt ...“

Auftrag erledigt

Es war Anfang der fünfziger Jahre, als der vierjährige Paul mit seinen Eltern zu einem Nachmittagsbesuch bei den Großeltern war.

Der Großvater ließ sich meistens nicht durch den Besuch seiner Tochter und deren Familie von seiner Arbeit abhalten. So arbeitete er auch an diesem Nachmittag in seiner Werkstatt weiter. Allerdings nervte ihn ein fremder Hund, der es auf seine heiße Hündin abgesehen hatte und sich partout nicht wegjagen ließ. Obwohl die Hündin eingesperrt war und für den fremden Verehrer keinerlei Chance bestand, in ihre Nähe zu kommen, versuchte er es mit allen nur möglichen Tricks.

Der kleine Paul, der immer als Erstes zum Opa in die Werkstatt ging, sah den fremden Hund im Hof und wollte wissen, woher der kam.

Der Opa klärte den kleinen Mann so gut es ging auf und fügte hinzu: „Wenn de mir den fortschaffst, kriegst de en Grosche."

Ein Groschen, also zehn Pfennige, waren damals noch was wert. Man konnte z. B. ein Bällchen Eis dafür kaufen.

Paulchen verschwand für eine Weile auf dem Hof, und als er zu seinem Großvater zurück in die Werkstatt kam, berichtete er, der Hund sei jetzt weg.

„Ei, wie hoste das dann gemacht?", fragte der Opa.

„Ich hab' ihm gesagt, geh endlich heim, du Arschloch, un da is er fort gegangen."

Eine gute Erziehung

Yvonne, allein erziehende Mutter ihres achtjährigen Sohnes Alexander, hatte ihre Freundin Michaela zum Essen eingeladen. Es war Sommer, und man wollte auf dem Balkon grillen.

Yvonne hatte verschiedene Salate vorbereitet. Der Tisch war gedeckt, und die Frauen warteten darauf, dass die Holzkohle zu glühen anfing und das Fleisch und die Würstchen auf den Rost aufgelegt werden konnten. Dann war es endlich so weit.

Alexander spielte auf der Wiese mit einigen gleichaltrigen Jungs Fußball.

„Ich ruf ihn schon mal", sagte Yvonne zu ihrer Freundin. „Das dauert doch immer, bis er kommt. Und der soll sich ja auch noch die Hände gründlich waschen."

Sie rief also vom Balkon runter, und Alexander antwortete, er käme gleich.

Da hörten die beiden Frauen, wie ein anderer Junge sagte: „Immer diese blöde Fresserei! Wir sind grad so schön am spielen."

„Das ist keine blöde Fresserei. Bei uns wird gegessen!", korrigierte ihn Alexander.

„Oh!", die beiden Frauen schauten sich an.

„Donnerwetter!", sagte Michaela, „der ist aber gut erzogen!"

„Na ja, ich gebe mir halt Mühe", antwortete Yvonne und konnte einen gewissen Stolz nicht verbergen.

Es dauerte nicht lange, da erschien Alexander mit frisch gewaschenen und noch feuchten Händen, begrüßte den Gast, schaute auf den Grill, erkannte, dass das Fleisch noch roh aussah und sagte: „Wann geht die Fresserei dann endlich los?"

Vornehm

Die Lisbeth wollte immer etwas Besseres sein als sie anderen im Dorf, und eines Tages konnte sie den Beweis liefern: Die Frau des Lehrers hatte sie zum Kaffeeklatsch eingeladen.

Sie ging also schon frühmorgens zum Frisör und kaufte in der Gärtnerei einen großen Blumenstrauß, obwohl im eigenen Garten die schönsten Rosen, Phloxe, Malven, Immortellen, Glocken- und Sonnenblumen blühten. Man lässt sich ja nicht lumpen und nachsagen, man hätte Geld sparen wollen.

Aber ausgerechnet an diesem Nachmittag musste ihre Schwiegertochter zum Arzt ins nahe gelegene Städtchen. Der Termin lag schon lange fest, und sie wollte ihn nicht absagen, bloß weil die Schwiegermutter eingeladen war.

Nur, was sollte mit Lorchen geschehen? Die Frau des Lehrers zeigte sich jedoch kooperativ und sagte: „Bringen Sie Ihre kleine Enkeltochter doch einfach mit."

Auf dem Hinweg gab die Großmutter dann die letzten Anweisungen:

„Gelle, du sääst immer scheen *bitte* unn *danke* unn duust aach nit so platt schwetze wie dehääm. Immer scheen hochdeitsch!"

Während des Kaffeetrinkens benahm sich Lorchen wie aus dem Bilderbuch. Die Lisbeth war stolz und steckte ein Lob nach dem andern ein, bis die Lehrersfrau fragte: „Lorchen, möchtest du noch ein Stück Kuchen?"

Ehe die Großmutter reagieren konnte, antwortete Lorchen ganz spontan:

„Ja, Tante, gib mir bitte noch ein Stück Rüpfelkuchen!" (Gemeint war Streuselkuchen, der im Hunsrücker Dialekt *Riemelekuche* genannt wird.)

Die begehrte Tänzerin

Bei den Forstämtern im Hunsrück war es üblich, einmal im Jahr die „Pflanzekerb“ zu feiern. Hierzu wurden alle eingeladen, die im Lauf des Jahres in irgendeiner Weise im Wald gearbeitet hatten.

Von einer Pflanzensetzerin wusste man, dass sie alte Gummiringe, die sich zu ihrer ursprünglichen Bestimmung, zum Einkochen, nicht mehr eigneten, als Strumpfhalter benutzte.

Die anwesenden Herren machten sich einen Spaß daraus, diese Frau ständig zum Tanzen aufzufordern und kräftig herumzuschwenken, damit die Gummiringe unter dem Rock zum Vorschein kamen.

Die Bään, die Bään!

Eine Frauengruppe wollte zu einem Vortragsnachmittag fahren. Um nicht mit so vielen Autos fahren zu müssen und auch, weil einige Frauen gar keinen Wagen besaßen, schloss man sich in Gruppen zusammen.

Zum Schluss war nur noch ein Kleinwagen übrig, aber neben dessen Fahrerin noch vier recht korpulente Frauen.

„Ach, das klappt schon!“, meinte die Besitzerin des Wagens, „wenn das auch zu dritt auf dem Rücksitz ein bisschen eng wird.“

Als sie den Eindruck hatte, dass alle drei Platz gefunden hatten, ließ sie den Motor an.

Plötzlich rief eine Mitfahrerin schreckensbleich vom Rücksitz:

„Halt! Halt! Mei Bään! Fahr noch nit los, ich honn mei Bään noch drauße!“

Was ein Ballkleid ausmachen kann

Es war in den fünfziger Jahren des vergangenen Jahrhunderts, als die damals siebzehnjährige Rosemarie an einem Tanzkurs teilnahm. Wie allgemein üblich sollte am Ende des Kurses ein Abschlussball stattfinden, zu dem die Herren in dunklen Anzügen und die Damen in Ballkleidern erscheinen sollten.

Ballkleider kaufte man damals nicht fertig, sondern man besorgte sich den entsprechenden Stoff und ließ das Kleid von einer Schneiderin nähen. Aus Organza musste es sein, einem hauchzarten durchsichtigen Gewebe aus feiner Kunstfaser. (Ursprünglich bestand Organza aus Seide, nach dem Krieg jedoch aus Kunstfaser.)

Die Rosemarie entschied sich für einen weißen Organza mit großen weißen Blumen, der mit rosa Seide unterlegt wurde. Es entstand ein Traum von einem Ballkleid, und die Rosemarie fühlte sich darin wie eine Prinzessin. Als der große Tag beziehungsweise Abend endlich kam, schlüpfte sie schon beizeiten in ihr wunderschönes Kleid. Sie wollte es so lange wie möglich genießen und betrachtete sich wohlgefällig im Spiegel, drehte und wiegte sich und konnte von ihrem eigenen Anblick gar nicht genug bekommen. Dass ihr jüngerer Bruder Arno ins Zimmer gekommen war, störte sie überhaupt nicht. Der stand nun hinter ihr, besah sich seine Schwester eine Weile und meinte dann:

„Also, von hinne siehste aus, als ob de von vorne aach scheen wärst.“

Der Franz-Joob, ein echter Münchhausen

Obwohl der Franz-Joob allgemein als Aufschneider galt, hörte man ihm dennoch gerne zu, wenn er seine Geschichten erzählte. Saß seine Frau dabei, dann ließ er seine Lügengeschichten meist mit der Aufforderung: „Gell, Gretche?“ bestätigen, worauf das Gretche brav nickte.

Er wusste viel zu erzählen, denn er hatte bei der Garde gedient und an drei Kriegen teilgenommen: 1864; 1866 und 1870/71. Stolz berichtete er, dass ihm nie etwas Ernstes passiert sei, außer 1866 in Böhmen. Da hätte es ihn fast das Leben gekostet. Mit einer Patrouille sollte er ein abgelegenes Gehöft nach eventuell versteckten Feinden durchsuchen. Gerade, als er die Kellerfalltür öffnete, hätte ihm jemand von hinten mit dem Säbel den Kopf abgeschlagen. Der Kopf wäre in den Keller gerollt. Er hätte ganz fürchterlich weinen müssen und wäre in seiner großen Not eiligst zur Kompanie zurückgerannt. Sein Kompaniechef und die gesamte Kompanie hätten sich daraufhin auf den Weg gemacht und seinen Kopf zurückgeholt.

Es erübrigt sich zu fragen, wie der Kopf wieder an den Körper kam. Dass es auf irgendeine sonderbare Weise geschehen sein soll, kann man sich denken.

Der Franz-Joob betrieb im Hunsrück eine kleine Landwirtschaft. Und wie es bei Sprücheklopfern häufig der Fall ist, dass die Worte größer sind als die Taten, musste der Franz-Joob auch selbst einmal erfahren: Seine Steckrüben waren im wahrsten Sinne des Wortes in der Erde stecken geblieben. Auf den Nachbarfeldern standen sie in voller Größe, und seine Futterrüben waren fast noch so klein, wie er sie vor Wochen gesetzt hatte. Natürlich blieb dies nicht den andern Bauern im Dorf verborgen, und sie hänselten ihn voller Schadenfreude.

Doch der Franz-Joob war um keine Antwort verlegen: „Ei, ich honn Knochemehl, Guano unn reichlich Mist uffs Feld gedoon. Die Riewe, die senn im Fett vestrickt (erstickt)."

Als er aber merkte, dass ihm das niemand glaubte und der Spott weiter ging, sann er auf Rache.

Der Gemeindebulle wurde damals reihum von den Bauern gehalten und kam so auch eines Tages zum Franz-Joob. Der meldete dann eines Morgens ganz aufgeregt, der Bulle sei verschwunden. Die Bauern ließen alle Arbeiten ruhen und suchten überall nach dem Bullen. Man suchte in den Wäldern und sogar in den Nachbardörfern, aber nirgends war er zu finden. Gegen Abend ließ der Franz die Sucherei abbrechen und meinte so ganz nebenbei: „De Bulle is wiere do. Mei Fraa hott en im Keller gefunn, als se Sauerkraut gehuult hott. Se braucht nor ze rufe: ‚Hänsje, komm hoch!' Do isser die Lääder enuff gestie unn se hott en wiere im Stall aangebunn."

Es Krauthännesje

Er hieß eigentlich Johannes. Hännesje nannten ihn die Leute, weil er ziemlich klein geraten war. Etwas über 1,50 m. Und den Zusatz *Kraut* fügte man deshalb seinem Namen hinzu, weil er im Herbst den Leuten im Dorf den Weißkohl schnitt für Sauerkraut. Einen festen Beruf im eigentlichen Sinn hatte der Johannes nicht, dafür aber mehrere Nebenjobs. So arbeitete er noch als Kesselflicker und Scherenschleifer und nicht zu vergessen seine kleine Landwirtschaft, die er mehr schlecht als recht so nebenbei betrieb.

„Wie der Herr, so's Gescherr!", sagten als die Bauern, wenn sie seine Äcker betrachteten und sein Getreide nicht so recht wachsen wollte. Manchmal gaben sie ihm den Rat, mehr Mist aufs Feld zu bringen. Aber gerade den hatte er ja nicht.

Als ihn die Sticheleien immer mehr ärgerten, beschloss er, gegen Bezahlung zwei Fuhren Mist von einem Großbauern aus dem Nachbarort bringen zu lassen. Nachdem das geschehen war, machte er sich sogleich daran, den Mist zu spreiten und war schon fast fertig, als der Bauer vorbeikam, dem der Nachbaracker gehörte und ihm klarmachte, dass er gerade dort den Mist verteilt hatte, anstatt auf seinem eigenen Acker. Da schlug das Krauthännesje vor, dass der Bauer seinen Mist ihm geben solle, denn er könne den seinen ja nun nicht mehr aufsammeln. Das lehnte der Bauer aber strikt ab mit der Begründung, Mist sei nicht gleich Mist, und seiner sei schließlich viel besser als der angelieferte.

Wutschnaubend holte sich das Hännesje einen Rechen, scharrte den ganzen Mist wieder zusammen und streute ihn auf seinen Acker. „De soll nit mei Ernt' infahre!", rief er immer wieder. „Dem were ich helfe! De Deiwel soll en huule! Kää Kriemel bleibt leije!"

Der Beltemer Lippert

Der Beltemer Lippert war im Hunsrück eine bekannte Persönlichkeit oder besser gesagt, ein Original, wie es sie heute leider nicht mehr gibt. Er ging mit zwei großen Körben, gefüllt mit allerlei Kleinkram wie Rasierklingen, Wetzsteinen, Knöpfen, Schuhcreme, Schuhriemen und dergleichen, hausieren. Die Körbe trug er an einem Joch über der Schulter. Er rasierte sich nicht, sondern ließ seinen Bart wachsen. Meist trug er mehrere Jacken übereinander, die alle weder gereinigt noch gewaschen wurden, und man braucht nicht viel Phantasie, sich vorzustellen, wie er roch, zumal er meist in Scheunen, Schuppen oder Ställen übernachtete.

Im Winter verkaufte er neben seinem üblichen Warensortiment auch noch eingelegte Salzheringe. Als er in der Nazizeit seine Heringe mit dem Slogan: *Hering so dick wie de Göring!* anpries, musste er einige Wochen in einem KZ dafür büßen. Danach soll er gerufen haben: *Hering so dick wie's vorische Mol!*

Nach dem Krieg während der französischen Besatzungszeit hat er auch einmal mit Eiern gehandelt, was ausdrücklich verboten war. Als er erwischt wurde, sprang er mit beiden Füßen in den Korb und sagte: „Do, nemmt se euch!"

Woran sich alle Hunsrücker noch sehr gut erinnern können, ist, dass er sein Wechselgeld peinlichst genau in Schuhwichsdöschen sortiert hatte, also die Pfennige in einem Döschen, die Fünfpfennigstücke in einem anderen, die Groschen wiederum extra und so weiter. Da die Döschen alle gleich aussahen, konnte er sie natürlich nicht von einander unterscheiden. Wenn er also Kleingeld herausgeben musste, durchsuchte er sie so lange, bis er das mit den passenden Geldstücken gefunden hatte. Das war manchem Kunden zu langwierig, und er wollte dem Lippert den Rest schenken. Der aber ließ sich nie darauf ein.

Der Nussbaumschmidt

In einem Dorf im Hunsrück lebten zwei Familien mit Namen Schmidt. Nun wollte es der Zufall, dass die beiden Familienväter auch noch den gleichen Vornamen trugen. Weil es dadurch oft zu Verwechslungen kam und man immer wieder nachfragen musste, welcher Schmidt denn gemeint sei, ließ man sich zur Unterscheidung etwas einfallen.

Im Hof des einen stand ein riesig großer Nussbaum. Was lag also näher, als diesen Schmidt den „Nussbaumschmidt" zu nennen.

Der war aber nicht so sehr damit einverstanden. Er überlegte hin und her und kam schließlich zu dem Schluss, den Baum, dem er seinen Spitznamen verdankte und der ohnehin schon ziemlich alt war, abzusägen. Wäre der Baum erst nicht mehr da, käme auch niemand mehr auf die Idee, ihn, den Besitzer desselben, danach zu benennen.

Wie es aber so oft im Leben passiert: Er hatte die Rechnung ohne den Wirt gemacht, beziehungsweise in diesem Fall ohne die einfallsreichen Hunsrücker.

Von diesem Zeitpunkt an nannten sie ihn nämlich: „De abgesägte Nussbaumschmidt".

Ein sonderbarer Viehhändler

Es muss in der Zeit gewesen sein, als es noch keine Autos gab oder zumindest nur wenige und für Normalsterbliche unerschwinglich.

Jedenfalls zog jener Viehhändler, von dem hier die Rede sein soll, noch zu Fuß von Ort zu Ort, und das immer in viel zu großen Stiefeln. Hinzu kam noch, dass er gerne einen Schoppen trank und ständig über einen gewissen Alkoholpegel verfügte.

Einmal hatte er ein Kalb gekauft, dem es gar nicht gefiel, ihm mit einem Strick um den Hals folgen zu müssen und das sich auf dem Weg ziemlich wild gebärdete.

Plötzlich kam den beiden ein Radfahrer entgegen, der schon von weitem die Szene beobachtete und vorsichtshalber aus einer gewissen Entfernung durch seine Klingel auf sich aufmerksam machte, um die beiden miteinander Ringenden nicht zu erschrecken.

Der Viehhändler erkannte die Gefahr und zog sein widerspenstiges Kalb an den Straßenrand. In der Hitze des Gefechts hatte ihm das Tier mit einem Fuß in einen seiner viel zu weiten Stiefel getreten. Sie fielen beide hin, Viehhändler und Kalb, und kullerten regelrecht in den Straßengraben, wobei sich der Strick dermaßen um den armen Viehhändler wickelte, dass ihm im wahrsten Sinn des Wortes Arme und Beine gebunden waren.

Er vermochte es nicht mehr, sich zu befreien, und wenn der Radfahrer nicht gewesen wäre, würde er vermutlich heute noch mit seinem Kalb im Straßengraben liegen.

Vier auf drei Schuss

Es war im Dezember 1994, als sich eine Rotte Wildsauen von zwölf Stück aufmachte, um Sabershausen zu erkunden. Doch der Bürgermeister, aufmerksam, wie es sich als Ortsvorsteher gehört, entdeckte sie schon, als sie noch etwa achthundert Meter von dem Dorf entfernt waren und benachrichtigte sofort die Polizei und einen ihm bekannten Jäger.

Da zufälligerweise ein Streifenwagen der Polizei in der Nähe des Ortes unterwegs war, ergab es sich, dass Jäger und Polizei gleichzeitig eintrafen. Nun erlebte der Jäger etwas, was er noch nie erlebt hatte: Unter Polizeiaufsicht schoss er dreimal mit seinem Repetiergewehr auf die wilden Eindringlinge. Die, die nicht getroffen wurden, machten sich eiligst aus dem Staub.

Vorsichtig näherten sich Jäger, Polizisten und Bürgermeister den getöteten Sauen. Sie staunten aber nicht wenig, als statt der drei vermuteten, vier Tiere tot da lagen. Jeder der Anwesenden hatte es genau gehört: Es waren nur drei Schüsse gefallen. Wieso hatte es auch noch ein viertes Tier erwischt? Das Rätsel wurde bald gelöst. Bei näherer Betrachtung erwies es sich, dass eine Kugel durch ein Wildschwein hindurchgegangen war und dann noch ein zweites niedergestreckt hatte.

Der arme Dackel

Es ergab sich so, dass ein Jäger, ehe er zur Jagd ging, mit einem Bekannten ein paar Bierchen getrunken hatte. Man kennt das: Eigentlich möchte man es gar nicht, aber man lässt sich dann doch überreden. Schließlich machte er sich mit seinem Dackel auf den Weg zum Hochsitz.

Um den Hund nicht die Leiter hochtragen zu müssen, steckte er ihn kurzerhand in seinen Rucksack. Das gute Hundchen ließ es sich gefallen. Doch als der Jäger etwa in der Mitte der Leiter angekommen war, bekam er Übergewicht und fiel rückwärts wieder runter, und zwar genau auf seinen Rucksack, in dem der arme Dackel steckte. Und da der Jäger nicht nur Übergewicht bekommen hatte, sondern auch noch welches besaß, konnte das arme Tier gerade noch ein paar jämmerliche Laute von sich geben, ehe es verschied.

Eine seltsame Treibjagd

Bei einer Treibjagd versteckte sich eine Rotte Wildschweine in einem großen Maisfeld. Die Treiber versuchten, die Tiere dort wieder herauszutreiben, wobei zwei auf eine viel befahrene Straße liefen und dort von zwei Autos angefahren beziehungsweise überfahren wurden. Ein drittes lief in ein Motorrad und brachte den Fahrer zu Fall. Der wurde so wütend, als er sein beschädigtes Motorrad sah, dass er sich den erstbesten Knüppel schnappte und das verdutzte Wildschwein auf der Stelle erschlug.

Drei Sauen waren also der Treibjagd zum Opfer gefallen, allerdings auf völlig unwaidmännische Art.

Förster mit Nebenverdienst

Es liegt weit über hundert Jahre zurück, und heute kann sich niemand mehr an den Namen des guten Mannes erinnern, aber dennoch wird noch gern von jenem Förster erzählt, der über besondere Fähigkeiten verfügt haben soll und im Hunsrück als Hexenmeister galt, was sich jedoch bei näherer Betrachtung ganz anders darstellt und den Förster als ausgemachten Schelm entlarvt.

So ließ er überall verbreiten, dass er bei Waldfrevlern und Wilddieben keine Gnade walten lassen würde. Wehe dem, der erwischt würde! Und da er ab und zu Leute im Wald überraschte und erschreckte, glaubte man ihn überall als heimlichen Beobachter versteckt, währenddessen er zu Hause am warmen Ofen saß und es sich gemütlich machte oder als „Wunderheiler" nebenher Geld verdiente. Kam nämlich ein Hilfesuchender zu ihm, dann eilte er zunächst ins Obergeschoss des Hauses und legte sein Ohr an die *Pund* (ein kleines Loch in der Decke zwischen Unter- und Obergeschoss). Dem Besucher, der meist zum Hausherrn wollte, wurde dann mitgeteilt, der Herr Förster sei schon seit Stunden im Wald, und man erwarte ihn in allernächster Zeit zurück. Dann wurde der Besucher, beziehungsweise Hilfesuchende, ganz behutsam ausgefragt, und wenn der Förster genug wusste, schlich er sich die Treppe hinunter, zog in der Waschküche seine Stiefel an und seine Joppe und kam nun offiziell durch die Haustür herein.

Nachdem er den Gast begrüßt und nach seinem Begehren gefragt hatte, konnte er ihm nun einiges auf den Kopf zusagen, was die Leute dermaßen in Erstaunen versetzte, dass sie ihn für einen Hexenmeister hielten und ihm übernatürliche Kräfte zutrauten.

Für die Kranken braute er aus Heilkräutern, die er im Wald gesammelt hatte, einen Sud. Baldrian und Dost befand sich immer darin, nach dem Motto: Baldrian und Dost vertreiben bösen Leuten die Lust. Wenn er gefragt wurde, was die Medizin koste, antwortete er, er würde sie ja gerne umsonst geben, aber er habe schließlich auch dafür bezahlen müssen und nannte einen Betrag, den die Leute oft noch aufstockten.

Holzverteilung

Früher, als hauptsächlich mit Holz und Kohlen geheizt wurde, war der Kauf des Brennholzes eine ganz wichtige Angelegenheit.

Zum einen ist Holz nicht gleich Holz, und zum anderen legte man Wert darauf, dass es nicht an einer unzugänglichen Stelle saß, wo man nicht oder nicht sehr gut mit dem Fuhrwerk anfahren konnte.

Auf jeden Fall gab es oft Anlass zu Streitereien, und man erfand die sonderbarsten Regelungen, wie man das Holz auf gerechte Art und Weise den Interessenten zuteilen konnte.

In einem Dorf war es so, dass sich alle im Wald trafen und ein Gemeindevertreter sich jeweils mit dem Rücken zu den Holzstößen stellen musste, während ein anderer auf einen Holzstoß zeigte und seinen Kollegen fragte, wer der neue Besitzer desselben sein sollte.

Auf diese Weise ging alles ganz offen und ehrlich zu, und keiner konnte sich hinterher beschweren.

Dennoch, man glaubt es kaum, kamen immer Verwandte und Freunde der Gemeinderatsmitglieder in den Genuss des besten Holzes. Sollte das jahrein, jahraus Zufall sein? Man konnte es sich nicht erklären und beobachtete deshalb jedes Mal haargenau den Vorgang. Aber es ging alles – wie es schien – mit rechten Dingen zu.

Viele Jahre später, als längst Zentralheizungen Einzug in die Häuser gehalten hatten, plauderte einer der damals beteiligten Gemeinderatsmitglieder aus dem Nähkästchen: Es lag an der Formulierung der Fragen. Lautete sie zum Beispiel: Wem soll das gehören? Dann wurde ein guter Freund damit bedacht. Lautete sie dagegen: Für wen soll das sein? Dann wurde eben ein anderer, ein weniger guter Freund, der neue Besitzer des Holzes. Da muss man erst mal drauf kommen.

Wozu Baugenehmigung?

Der Otto konnte fast alle handwerklichen Arbeiten ausführen, was er auch wohlweislich nutzte. Zunächst hatte er ans Haus zum Hof hin noch einen Anbau drangebaut. Dann eine riesige Doppelgarage, ans Untergeschoss des Hauses eine Terrasse, die von einem Balkon im Obergeschoss überdacht wurde, und als seine Frau gerne Hühner halten wollte, da baute er für die Tiere einen stattlichen Hühnerstall in Massivbauweise und gleich noch einen Schuppen dazu, wo er Rasenmäher und sonstige Gartengeräte unterstellen konnte.

Dass er für all seine Bauvorhaben Baugenehmigungen benötigte, auf die Idee kam er erst gar nicht. Schließlich baute er ja nach Feierabend immer nur ein kleines Stückchen weiter. Wen sollte das schon interessieren? Außerdem besaß er ein großes, von einer Hecke eingezäuntes Grundstück. Uneinsehbar.

Doch eines Tages kamen zwei Angestellte der Verbandsgemeindeverwaltung, um das Grundstück neu zu vermessen: bebaute Fläche gegenüber unbebauter Fläche für die Berechnung des Oberflächenwassers. Die beiden Männer schauten immer wieder auf ihren Lageplan, verglichen ihn mit den örtlichen Gegebenheiten und schüttelten den Kopf. Auf einmal meinte der eine: „Hier stimmt was nit. Hier sinn mer verkehrt. Das kann das Grundstück nit sinn!“

Es dauerte lange, bis sie begriffen, dass sie doch nicht *verkehrt* waren und nur die gesamten Nebengebäude und Anbauten nicht eingezeichnet waren, weil nie eine Baugenehmigung dafür erteilt worden war.

Der Otto bekam eine Strafe aufgebrummt und war ein für allemal kuriert.

Brave Pferde

Während heute die schweren Holzstämme mit großen Lastkraftwagen aus dem Wald abgefahren werden, besorgten dies früher Pferdefuhrwerke. Die Fuhrleute – auch Hauderer genannt – gönnten hin und wieder sich selbst und auch den Pferden ein Päuschen, besonders, wenn sie an einem bekannten Wirtshaus vorbeikamen. Die Pferde bekamen Wasser, Heu und Hafer hingestellt, und die Männer tranken auch schon mal ein paar Schoppen über den Durst. Das war nicht weiter schlimm, denn die Pferde kannten meist die Wege und fanden auch allein ans Ziel.

Einmal hatte ein Fuhrmann nach getaner Arbeit mal wieder zu viel getrunken und schlief während der Heimfahrt ein. Das sah ein Bekannter, dem der Schalk schon in die Wiege gelegt worden war. Er hielt die Pferde an, wendete das Gespann und schickte die braven Tiere wieder in Richtung Wald.

Als der selige Schläfer aufwachte, war es bereits stockfinster, und er befand sich mit seinem Wagen anstatt zu Hause mitten im Wald vor einem großen Holzstoß.

Zigarre verpasst

Es war in der Zeit des Ersten Weltkrieges, als Soldaten zur Einquartierung in ein Hunsrücker Dorf kamen. Sie nutzten die Zeit vor ihrem Einsatz an der Front, um sich noch ein paar feucht-fröhliche Abende in der Gastwirtschaft zu machen. Es war die einzige im Dorf.

Das Bier floss jeden Abend in Strömen. Zunächst in große gläserne Stiefel und dann in die Kehlen der jungen Männer. Auch wurde viel geraucht. Hauptsächlich Zigarren, von denen aber ständig welche auf unerklärliche Weise verschwanden. Einen der Kameraden hatte man in Verdacht, und der sollte eine Lektion verpasst bekommen.

Heimlich wickelten die jungen Männer Katzenhaare in eine Zigarre, die sie dem Verdächtigen *andrehten*. Der steckte die Zigarre nichts ahnend an, und obwohl sie fürchterlich stank, rauchte er sie – ohne sich etwas anmerken zu lassen – zu Ende. Dann wurde ihm speiübel, und er rannte, so schnell er konnte, zur Toilette. Er war ein für alle Mal kuriert, denn von Stund an kamen keine Zigarren mehr weg.

(Im Nachhinein muss man sagen, was waren ein paar gestohlene Zigarren gegen das, was die jungen Männer an der Front noch erleben mussten, und wer weiß, ob der Zigarrendieb den Krieg überhaupt überlebt hat?)

Ein ganz besonderer Kleiderhaken

Ein Kleiderhaken aus Rehfüßen hatte bei der Irmgard und beim Willi schon zu manchem Streit geführt. Eines Tages hatte der Willi ihn mit nach Hause gebracht. Er verriet nicht, wo er ihn her hatte. Vermutlich gekauft, und wenn die Irmgard das erfahren hätte, wäre der Streit womöglich noch heftiger ausgefallen. Kitschig, geschmacklos und unpraktisch fand sie von Anfang an *das Ding*, wie sie den Kleiderhaken immer bezeichnete. Und eines Tages war es so weit, da nahm sie *das Ding* von der Wand, packte es mit anderen Sachen, die sie loswerden wollte, in Kisten und fuhr damit zum Flohmarkt.

Dort baute sie mit ihrer Freundin einen Tapeziertisch auf und legte all die in Ungnade gefallenen Gegenstände zum Kauf aus, den Kleiderhaken ganz vorn auf den Tisch, weil sie den auf keinen Fall mehr mit nach Hause nehmen wollte.

Ihre Waren erregten großes Interesse, das heißt: Alle Leute blieben an ihrem Stand stehen.

Die Kinder riefen sofort: „Guck mal, Mama, wie schön!“ und streichelten sofort die im rechten Winkel zum Kleiderhaken geknickten Rehfüße.

Die Mütter sagten nur entsetzt: „Igitt, igitt!“

Und die Väter nahmen den Kindern *das Ding* weg, um fachmännisch zu prüfen, ob die Füßchen auch fest genug in das Wandbrett eingearbeitet waren. Sie rüttelten in der Tat an allen drei Füßchen, und wenn sie ihnen fest genug erschienen, konnte es vorkommen, dass sie noch einmal die Reihe durchtesteten.

Zum Kauf erklärte sich jedoch niemand bereit, obwohl die Irmgard von Interessent zu Interessent den Preis weiter senkte.

Als sie abends mit den fast noch vollen Kisten nach Hause kam, zuoberst den Kleiderhaken mit den Rehfüßen, waren die Füße längst locker, und ihr Mann meinte: „Dodefor hättste dich nit en ganze Daach uff de Flohmaart stelle misse.“

Ein vergessener Patient

Von Zeit zu Zeit ließ sich der Heinrich bei seinem Hausarzt ein paar Infusionen geben zur besseren Durchblutung. Meist schlief er dabei ein und musste geweckt werden, wenn die Behandlung zu Ende ging.

Eines Nachmittags war er der einzige Patient in dem etwas abgelegenen Behandlungszimmer. Wie üblich schlief er wieder ein, und als er nach längerer Zeit aufwachte, war es dunkel um ihn herum, und er vermisste die gewohnten gedämpften Geräusche des Praxisbetriebs. Er rief um Hilfe, doch es meldete sich niemand. Vorsichtig tastete er sich zum Lichtschalter und befreite sich von der leeren Flasche und der Infusionsnadel. Die Praxisräume konnte er allerdings nicht verlassen, denn die Tür war fest verschlossen. Und durch eines der Fenster zu steigen, erwies sich ebenfalls als unmöglich, denn die Praxisräume befanden sich im ersten Stock des Gebäudes, und einen Knochenbruch wollte er nicht riskieren.

Es blieb ihm nichts anderes übrig, als über Telefon die Feuerwehr zu benachrichtigen, die ihn mit Spezialwerkzeugen befreite.

Wie sag ich's?

Dem Johann war ein Malheur passiert, als er mit seinem alten Daimler von einer Fahrt zum Raiffeisenlager zurückkam. Gerade vor dem Hof seines Nachbarn lief ihm dessen Hahn in den Wagen. Er bremste zwar noch, aber zu spät. Er hatte den schönen bunten Hahn, auf den der Heinrich immer so stolz war, erwischt.

Nun half es nichts, er musste es dem Heinrich beichten. Also stellte er seinen Wagen ab und ging in die Scheune, wo er seinen Nachbarn hantieren hörte.

„Deine Gockel", begann er, „de daucht neist meh for die Hinkel."

Darauf fuhr ihn der Heinrich an: „Woher willst dau das dann wisse?"

„Ei, de is mer grad ins Auto gelaaf, unn ich konnt nit meh halle."

Kopfrechnen schwach

Früher hat man nur mit Holz, Kohlen und Briketts geheizt. Holz bekam man aus dem Gemeindewald. Man musste es dort allerdings selbst abholen oder abholen lassen, wenn man kein Fuhrwerk hatte. Eine ältere alleinstehende Frau hatte sich von einem Fuhrmann ihr Holz heimfahren lassen. Als dieser fünfzehn Groschen Fuhrlohn verlangte, antwortete sie ihm: „Das is awer deier! Wenn ich das geahnt hätt', dann hätt' ich mer's vom Jupp huule losse. De Jupp hätt' mer's for drei Marik gehuult."

Keine Antwort schuldig

Von dieser Frau erzählt man auch, sie habe Pfeife geraucht wie ein Mann. Jeden Abend, wenn es dunkel wurde, habe sie sich mit ihrer Pfeife ans Fenster gesetzt und beobachtet, was auf der Straße geschah. Dabei fingen einmal ihre Gardinen Feuer. Sie konnte zwar ein größeres Unglück vermeiden, aber die Gardinen waren den Flammen zum Opfer gefallen.

Die Nachbarn hatten es beobachtet und sahen nun endlich eine Gelegenheit gekommen, ihr etwas für ihre Spitzfindigkeiten und ihre Neugierde heimzuzahlen, indem sie sie wegen des Brandes verspotteten. Aber sie waren ihr einfach nicht gewachsen, denn sie behauptete schlagfertig: „Ich honn die Vorhäng aangestoch, weil ich aach emol en Fackelzug mache wollt."

Ehrlich bis auf die Knochen

An einem Sonntagnachmittag, als die beiden Mädchen Emma und Theresa zufälligerweise beim Postamt vorbeikamen, beobachteten sie, wie sich eine ältere Frau am Briefmarkenautomaten abmühte. Die beiden boten ihre Hilfe an, und siehe da, der Automat gab sogleich die gewünschte Briefmarke heraus.

Die Frau bedankte sich bei den Mädchen, nahm die Marke und warf sie in den Briefkasten.

Die beiden Zuschauerinnen waren darüber so erstaunt, dass sie nur „aber“ herausbrachten.

„Ja, ja“, antwortete da die Frau, „der Brief ist ja schon drin. Ich hatte aber vergessen, ihn zu frankieren. Die Postbeamten sind so ehrlich, die werden sehen, wo die Marke fehlt und sie draufkleben.“

Wenn der Hund nicht …

Immer, wenn ein paar Männer am Stammtisch beim Gläschen Wein oder Bier zusammen sitzen, kann man die originellsten Gespräche belauschen.

Es ging in diesem Fall um einen Fußballpokal. Irgendwie gönnte man ihn nicht dem Verein, der ihn bekommen hatte. Dennoch waren nicht alle Anwesenden einheitlich für einen anderen Verein.

Einer schien HSV-Fan zu sein, was er verschiedentlich zu erkennen gab, und weil man sich darin einig war, dass der falsche Verein im Besitz des Pokals war, wagte wohl der HSV-Fan, seine Meinung zu sagen:

„Diesjohr hätt de HSV beinoh de Pokal gewunn, wenn se nit die sechs Spiele hinnernanner verlor härre.“

Man muss nicht gleich das Schlimmste annehmen

Die Christa und ihr Kater Scotty, ein Kapitel für sich! Sie behandelt ihn, als wäre er ihr Söhnchen. Wie er darüber denkt, nun ja, das weiß man eben nicht, weil er nie darüber redet. Er lässt sich eben stillschweigend verwöhnen.

Eines Tages hatte Scotty Durchfall. Die Christa sprach mit ihrer Freundin darüber und überlegte, ob sie mit ihm zum Tierarzt gehen solle.

„Ach, do muss mer doch net gleich bei de Dokter, wenn de emo de Dorschfall hott“, meinte die Freundin. „Die Katze, die fresse hie emo en Dreck un do emo en Dreck, un dann passiert das.“

„Aber ich mache mir schon Sorgen. Er ist ja sozusagen mein Hausgenosse und mein Lebenspartner. Wenn der vor mir stirbt, dann ist Hoftrauer angesagt. Es könnte ja auch was Schlimmes sein: Darmkrebs zum Beispiel. Das gibt's oft bei Katzen und Hunden. Und weißt du, bei uns in der Familie sind bisher alle an Krebs gestorben …“ Sie hatte noch hinzufügen wollen: „Da denkt man sofort an so was“, kam aber nicht mehr dazu, weil ihre Freundin sie mitten im Satz unterbrach:

„Ihr seid aber doch nicht blutsverwandt, der Kater und du!“

Das Vorstellungsgespräch

Endlich hatte es geklappt! Jens war auf seine schriftliche Bewerbung hin zu einem Vorstellungsgespräch gebeten worden. In der kommenden Woche sollte der Termin sein. Nun mussten noch neue schicke Klamotten her! Er setzte alles auf eine Karte.

Mit seiner Freundin fuhr er in die Stadt, kaufte einen Sakko, eine Hose, neue Schuhe, ein Hemd und entschied sich schweren Herzens auf den Vorschlag seiner Freundin, zu dem Vorstellungsgespräch auch eine Krawatte zu tragen. Nun ja, wenn sein Glück davon abhängen sollte; sie konnte die Welt nicht kosten.

Es erwies sich aber als recht schwierig, zu dem maisgelben Sakko und dem dunkelgrünen Hemd eine Krawatte zu finden, die farblich harmonierte. Erst nach langem Suchen entdeckten sie genau die richtige.

Doch einhundertneunzehn Mark sollte sie kosten! Jens erschrak und meinte: „Dafür bekommt man ja ein Paar Schuhe!“

„Ganz recht“, erwiderte der Verkäufer, „die Schuhe können Sie aber nicht auf das Hemd anziehen.“

Ein ganz leichtes Süppchen

Die Maria und der Ludwig zankten sich ständig. Alle Leute im Dorf wussten es und waren der Meinung, die beiden hätten sich besser nicht gefunden und somit auch nicht geheiratet.

Inzwischen waren sie beide um die sechzig, und die Episode, die hier erzählt werden soll, ereignete sich, als die Maria mit einer schweren Grippe im Bett lag. Es ging ihr so schlecht, dass sie kein Bedürfnis spürte, etwas zu essen oder zu trinken.

Am dritten Tag, so um die Mittagszeit, als der Doktor gerade da gewesen war, und sie ermahnt hatte, unbedingt etwas zu sich zu nehmen, bat sie ihren Ludwig, ihr doch ein ganz leichtes Süppchen zu kochen.

„En ganz leicht Süppche!", knurrte er auf dem Weg in die Küche. „En ganz leicht Süppche! Was mach ich dann do?" Und da er selbst auch gerade einen Bärenhunger verspürte, kochte er sich selbst zwei Eier und brachte seiner Frau den Sud. „Hie hoste deij ganz leicht Süppche! Leichter ging's nit!"

Die Maria besah sich die Brühe in ihrem Teller, rührte ein paar Mal durch und hätte sie ihm am liebsten über den Kopf geschüttet. Sie raffte alle Kraft zusammen und beschimpfte den Ludwig dermaßen, dass er – wenn er nicht an den Streit gewöhnt gewesen wäre, nicht mehr aus noch ein gewusst hätte, denn sie sah gleich, dass er ihr im Teller nur heißes Wasser gebracht hatte.

„Wat kreischste dann so mit mir", sagte er scheinheilig. „Geb die Supp her, dann ess ich se selwer. Ich kleppere mir noch en Ei eninn unn Rahm unn mache so kää Geschrei."

Eine große Hilfe

Schwester Ursula versah regelmäßig den Nachtdienst in einem Alten- und Pflegeheim. Es ist hinlänglich bekannt, dass ältere Leute oft nachts keine Ruhe finden und nicht schlafen können und auch, dass sie manchmal kein Zeitempfinden mehr haben.

Jedenfalls kam in einer Nacht, es war gerade ein Uhr vorbei, eine alte Frau, schon völlig angekleidet, ins Schwesternzimmer und sagte: „Schwester, ich honn die annere schunn all geweckt. Jetz' brauche Se se nor noch ze wäsche unn aanzeduun."

Vorgesorgt

Die Berta war dafür bekannt, dass sie morgens gern ein bisschen länger schlief. Eines Tages erzählte sie ihrer Nachbarin, sie müsse am nächsten Tag schon um sieben Uhr in Simmern beim Arzt sein.

„Dann kannste awer frieh uffstehn, wenn de de erste Bus krieje willst", entgegnete die Nachbarin.

„Jo, ich wäsche mich heit Omend schunn grindlich, falls ich's morje frieh in de Eil vergesse sollt."

Wer sucht, der findet

Als der Josef sich nicht mehr selbst versorgen konnte, brachten ihn seine Verwandten in ein Pflegeheim. Er konnte zwar nicht mehr laufen, war aber dafür geistig noch recht beweglich.

Gern scherzte er mit den Schwestern und besonders mit Schwester Gisela, die meist die Nachtwache übernahm.

Eines Nachts klingelte er wie üblich und sagte: „Ich muss emol."

Die Schwester gab ihm die Flasche und wartete. Ungeschickt hantierte er unter der Bettdecke und meinte nach einer Weile: „Schwester, ich finn' en nit!"

„Dann lassen Sie mich mal gucken", entgegnete sie „ich hab' noch immer gefunden, was ich gesucht hab'."

Bettwärmer

Es war an einem kühlen Herbsttag, als der Herr Pfarrer den alten Schulte Vetter in seiner Aushaltsstube besuchte. Der war ganz allein zu Hause und lag im Bett, denn seine Angehörigen waren draußen im Feld, um die letzten Kartoffeln auszumachen. Der Pfarrer unterhielt sich eine Weile mit dem alten Mann, bis es ihm in der ungeheizten Stube zu kalt wurde. Er fragte den alten Schulte Vetter, ob er nicht friere.

„Oach, et geht", antwortete der. „Die Weibsleit honn jo heit morje deerst noch geback, eh se fott sinn unn honn mer dann das frisch Brot unnergeschob, wie's noch ganz warm war."

Die pragmatische Emma

Die Emma und der Jupp, ein Hunsrücker Ehepaar wie aus dem Bilderbuch. Für Außenstehende. In Wirklichkeit hatte die Emma die Hosen an, und der Jupp musste parieren. Auf diese Weise waren die beiden aber miteinander alt geworden, bis der Jupp auf einmal schwer krank wurde. Es war abzusehen, dass er sich nicht mehr erholen würde, und eines Morgens sagte er: „Es geht zu Enn mit mer!“

Da holte die Emma ihr Gebetbuch, zündete eine Kerze an und begann, laut die Sterbegebete vorzulesen. So ging es über einige Stunden, und die Emma wurde langsam ungeduldig.

„Geh, huul mer doch noch en Tass' Millich!“, bat auf einmal der Jupp. Die Emma sah ihn streng an und antwortete: „Awei werd nit noch lang Millich getrunk, awei werd gestorb!“

Die Sache mit dem Sterben

Die alte Frau Fass wurde normalerweise zu Hause von ihren Angehörigen gepflegt. Nur wenn diese mal in Urlaub fuhren, gaben sie die alte Dame zur Kurzzeitpflege in ein Seniorenheim. Das passte ihr nie so recht, und sie sprach dann immer vom Sterben. Besonders, wenn Schwester Monika sie wusch und ankleidete und eine kleine Plauderei mit ihr halten wollte, ging Frau Fass nie darauf ein, sondern sagte immer gleich, dass sie viel lieber sterben wolle, als immer auf fremde Hilfe angewiesen zu sein.

„Also, ich bin nicht so erpicht darauf", antwortete Schwester Monika. „Man weiß ja nicht, was hinterher ist. Vielleicht geht's einem hier noch besser. Wenn ich ganz ehrlich bin, muss ich sagen, hab' ich sogar ein bisschen Angst davor." Die alte Dame sah sie groß an, und Schwester Monika hoffte, dass dieses Thema nun vorerst ausgestanden sei. Doch am nächsten Morgen kam wieder der bekannte Satz: „Ach, wenn ich nur sterwe däät, dann wär' Ruh!"

Frau Fass muss sich aber, während sie sprach, an das Gesagte vom Vortag erinnert haben. Sie stutzte einen Moment und fügte dann hinzu: „Jo, jo, ich waarde jo noch, bis ich wiere dehääm sinn."

Notwendig oder nicht?

Der Hans musste nach Simmern zum Arzt. Er nahm seine Frau mit, weil sie anschließend in einem großen Supermarkt zusammen einkaufen wollten. Als die Martha aber das volle Wartezimmer sah, nutzte sie die Gelegenheit, um in der Stadt ein bisschen bummeln zu gehen. Nach einer Stunde kam sie mit zwei prall gefüllten Plastiktaschen zurück und musste feststellen, dass ihr Mann immer noch nicht dran war und dass fast noch genau so viele Patienten da saßen wie vorher. Die Martha setzte sich eine Weile dazu, und als sich nichts tat, wandte sie sich an ihren Mann und meinte: „Ich losse alles hie stehn unn gehn noch emo en Stunn." Und schon war sie dabei, die vollen Plastiktaschen unter den Stuhl ihres Mannes zu schieben.

Doch da kannte man den Hans schlecht. Lautstark protestierte er ungeachtet der vielen Zuschauer und Zuhörer:

„Nää, jetz bleibste hie! Sunst kimmst de noch emo mit so em Packe Zeich!"

Wieder nichts mit Sparen

Immer wieder hört man, die Krankenkassen hätten kein Geld mehr und müssten nun noch mehr sparen. Wenn man diese Information oft genug verbreitet, trägt sie schließlich Früchte.

Jedenfalls zeigte sie bei der Anna ihre Wirkung, denn als ihr Mann wegen eines leichten Arbeitsunfalls zum Arzt musste, sagte sie zu ihm:

„Loss der noch e paar Schmerztablette uffschreiwe geje mei Kreizweh. Dann kenne mer en Krankeschein spare, unn ich brauch mei Zeit nit zu verseime."

Gesagt, getan. Aber der Arzt wollte wissen, wofür oder genauer gesagt wogegen der Fritz die Tabletten haben wollte, und als dieser *sein* Kreuzweh beschrieb, da meinte der Arzt:

„Komm, mach dich frei! Ich geb' dir grad 'ne Spritze, dann bist du dein Kreuzweh sofort los."

Aus dem Nähkästchen geplaudert

Als die Hunsrücker Autorengruppe sich entschieden hatte, sich als Verein ins Vereinsregister eintragen zu lassen, wurden natürlich alle Mitglieder zur Vereinsgründung eingeladen. Nachdem die Bedingungen besprochen und schriftlich festgelegt waren, sollten wie üblich Texte für die nächste geplante Lesung vorgestellt werden.

Einige der anwesenden Mitglieder hatten wohl damit gerechnet, dass die Formalitäten den ganzen Nachmittag in Anspruch nehmen würden und aus diesem Grund keine Texte mitgebracht.

Deshalb fragte eine Autorin in die Runde: „Lese mir aach noch Texte? Ich honn kään debei. Ich daacht, mir gründe heut nor de Verein.“

„Ei, mir gründe doch nit de ganze Noomiddaach!", gab daraufhin eine andere Autorin zur Antwort.

Während eines anderen Treffens hatte eine Autorin, als sie einen Text vorlesen wollte, Schwierigkeiten mit ihrer Brille.

„Hach!“, stöhnte sie, „immer, wenn mein Mann die Brill uffhatt, fällt die mir hinnerher vom Kopp.“

Angeregt durch diese Aussage, meinte eine andere: „Ich vergesse immer mei Brill, unn bei ‘ner Lesung im Aldeheim hot mer en alt Fraa ehr Brill gelehnt. Do sinn ich doch hinneno demit hämmgefahr.“

Viele Autorinnen und Autoren lieben es, kurze Texte zu schreiben. Folglich kommen dann in einem Buch mehrere Geschichten und Gedichte zusammen. Eine Hunsrückerin, die nicht gerade als große Leserin bekannt war, traf eines Tages eine Hunsrücker Autorin und erzählte ihr, dass sie zum Geburtstag ein Buch von ihr geschenkt bekommen habe.

„Es is en scheen Buch“, sagte sie, und die Autorin strahlte und wollte sich schon bedanken, als ihr Gegenüber fortfuhr: „Jo, werklich. Ich honn jo nur die Iewwerschrifte geles, awer es is en scheen Buch.“

Ein Schwätzchen muss auch mal sein

Es war in der Heumachzeit, da standen der Metzger Göbert und Schneidermeister Heinrich auf der Straße und unterhielten sich über ihre Geschäfte, die jetzt in der heißen Jahreszeit gar nicht so gut liefen, als sie die Frieda mit dem Rechen auf der Schulter die Straße entlangkommen sahen. Offensichtlich wollte sie Heu wenden gehen. Da die Frieda dafür bekannt war, dass sie gern ein Schwätzchen hielt und dabei Zeit und Stunde vergaß, nahmen sich die beiden Männer, die ohnehin nicht viel zu tun hatten, vor, die Frieda aufzuhalten und so lange in Gespräche zu verwickeln, so dass sie an diesem Tag nicht mehr zum Heu wenden in die Wiesen kommen sollte. Es war tatsächlich Abend, als sie sich endlich unter dem Vorwand loseiste, sie müsse ja unbedingt nach Hause zum Füttern. Und als die Männer nach dem Heu fragten, meinte sie: „Das wenn' ich mor je. Das lääft nit fott."

Ein guter Organist

In einem Hunsrücker Dorf war der Dorfschullehrer außerdem noch als Organist tätig. Er spielte also jeden Sonntagmorgen im Gottesdienst die Orgel, was sich ja neben dem Schuldienst gut einrichten ließ.

Eines Tages hatte er sich den Arm gebrochen. Den Schulunterricht konnte er ohne irgendwelche Beeinträchtigungen halten, aber das Orgelspiel am Sonntagmorgen, das würde schon eher ein Problem werden.

Trotz Gipsverband ging er am Sonntag wie gewohnt zum Gottesdienst. Unterwegs begegnete er einer Frau, die ebenfalls auf dem Weg zur Kirche war. Sie fragte ihn teilnahmsvoll: „Ei, wie wolle Sie dann spiele?"

Worauf er antwortete: „Es wird schon gehn. Das bissje kann ich mit der ene Hand unn mit de Füß mache."

Lieber keine Wiedergeburt

Vor einer Hunsrücker Frauengruppe wurde ein Referat über Buddhismus gehalten. Es zeigte sich, dass man in dieser Religion an die Wiedergeburt glaubt, sei es in einem anderen Menschen oder in einem Tier.

Die Frauen sahen sich etwas verlegen an. Eine Frau, die für ihre Späße bekannt war, flüsterte ihrer Nachbarin zu:

„Dann kimmste vielleicht als Ratt' wiere!"

„Oach?", entgegnete diese, und ihre Miene zeigte, wie sehr sie sich ekelte.

„Das will ich awer nit!"

Die Sonne steht manchmal woanders

Vor der Umlegung beziehungsweise Zusammenlegung der Äcker waren die Flurstücke wesentlich kleiner als heute. Zudem bearbeitete man damals das Feld noch nicht mit Traktoren und Maschinen, sondern mit Kuh-, Ochsen- oder Pferdegespannen. Es war also alles viel enger beieinander, und es ging viel gemächlicher vonstatten. Man konnte sehr gut beobachten, was der Nachbar auf seinem Feld machte, und man nahm sich auch mal Zeit für ein Schwätzchen über die Furchen hinweg.

In einem Dorf im Hunsrück wussten alle Bauern, dass der Johann, sobald er um zwölf Uhr die Mittagsglocke läuten hörte, seine Kühe ausspannte und heimfuhr, um pünktlich zum Mittagessen zu Hause zu sein.

Die anderen Bauern amüsierten sich darüber, denn es konnte passieren, dass der Johann ausspannte, auch wenn er gerade noch zwei Furchen zu beackern hatte. Pünktlichkeit ging ihm über alles.

Eines Tages blieb plötzlich die Kirchturmuhr ganz einfach stehen und die Zeiger rührten sich keine Sekunde weiter. Man bestellte einen Uhrmacher, der auch sogleich kam und die Uhr zu reparieren versuchte. Bei dieser Arbeit wurde verschiedentlich die Glocke angestoßen, so dass es sich, wenn man nicht genau hinhörte, nach Läuten anhören konnte.

Zur gleichen Zeit war der Johann im Feld beim Ackern. Er horchte auf. Läutete es nicht Mittag? Ganz klar, da gab es keinen Zweifel. Es läutete. Verdammt schnell schien der Vormittag vergangen zu sein. Er freute sich auf die Mittagspause und begann, seine Kühe auszuspannen.

Der Bauer auf dem Nachbarfeld rief ihm zu, es könnte unmöglich zwölf Uhr sein, er solle doch mal gucken, wo die Sonne stünde.

Der Johann schaute kurz zum Himmel und antwortete:

„Die Sunn kann stehn, wo se will. Wenn's zwölf leit, wird hämmgefahr zum Esse."

Mit einem Trick an die Arbeit gebracht

Die Brigitte hatte mit ihrer Nachbarin Monika ein recht gutes freundschaftliches Verhältnis. Sie konnten sich über alles unterhalten. Einschließlich ihrer Ehemänner. Deshalb erzählte auch die Monika so ganz im Vertrauen, sie glaube beobachtet zu haben, dass Werner, also Brigittes Ehemann, immer dann seinen Rasen mähe, wenn sie sich auf der Terrasse sonne. Die beiden Frauen amüsierten sich darüber.

Nun gab es während eines Sommers eine längere Schlechtwetterperiode, die den Rasen zwar nicht am Wachsen gehindert hatte, wohl aber den Werner am Mähen. Sobald nun aber Brigitte ihren Mann daran erinnerte, den Rasen zu mähen, gab er zur Antwort, das Wetter hindere ihn ja daran.

Eines Nachmittags bei einer Tasse Kaffee kamen die Frauen darauf zu sprechen und schmiedeten einen Plan. „Ich sehe ja, wenn er zu Hause ist“, sagte Monika, „dann lege ich mich im Bikini auf die Terrasse. Egal, was für ein Wetter ist. Den kriegen wir schon an die Arbeit!“

„Aber du holst dir eine handfeste Erkältung. Das ist die Sache nicht wert“, gab Brigitte zu bedenken.

„Ach was! Ich stelle einen Infrarotstrahler auf, und zwar so, dass man ihn von euch aus nicht sehen kann, sondern nur mich im Liegestuhl. Lass mich mal machen!“

Am nächsten Mittag kam Werner schon ziemlich zeitig nach Hause. Er trank gemütlich seinen Kaffee und schaltete dann den Fernseher ein.

Plötzlich erschien Monika im Bademantel auf der Terrasse, streifte ihn ganz lässig ab, rückte den Liegestuhl zurecht und legte sich darauf. Sowohl Werner als auch Brigitte hatten es beobachtet. Allerdings sagte keiner der beiden ein Wort. Mit einem Mal sprang Werner auf und behauptete, unbedingt den Rasen mähen zu müssen.

„Aber es regnet doch in Strömen“, sagte Brigitte etwas scheinheilig.

„Das macht nichts. Das Gras ist jetzt schon zu hoch. Wenn ich noch länger warte, krieg ich’s nicht mehr gemäht.“

Man kann sich denken, wie es ausging: Sobald Werner den Rasenmäher angeworfen hatte, flüchtete Monika wieder ins Haus. Werner allerdings mähte bis zum bitteren und nassen Ende. Männer sind schließlich konsequent.

Wie der Erich Heu wenden ging

Das Heu wenden war früher Frauensache. Da das Katche aber hochschwanger war und stündlich mit der Niederkunft rechnen musste, übernahm sein Mann, der Erich, die Arbeit. Mit dem Rechen über der Schulter marschierte er los. Es war ein ziemlich weiter Weg. „Was duut mer nit alles“, dachte er, und dann dachte er weiter, dass er ja auf dem Weg zur Wiese sein Pfeifchen rauchen könnte. Nachher bei der Arbeit kam er ja doch nicht mehr dazu.

Er blieb stehen, stellte den Rechen ab, kramte Tabak und Pfeife aus seinen Taschen, stopfte das Pfeifchen, und als er es mit einem Streichholz anzünden wollte, blies der Wind die Flamme aus. Nun drehte der Erich dem Wind den Rücken zu, und siehe da, das nächste Streichholz brannte und sein Pfeifchen zog endlich. Glücklich darüber schnappte er sich seinen Rechen und ging weiter, allerdings ohne sich wieder umzudrehen, und so landete er nach kurzer Zeit wieder bei seinem Katchen. Das sah ihn staunend an und meinte: „Saa mol, was is dann los? Dau willst mer doch nit verziehle, dass das Hau schunn gewendt wär?“

Tja, was dann?

Die Lisbeth ging schon einige Zeit mit dem Eduard, und da sie vorhatte, ihn zu heiraten, hielt sie es für angebracht, ihren Eltern den Auserwählten vorzustellen. Beim gemeinsamen Kaffee trinken prüfte der Vater den zukünftigen Schwiegersohn auf Herz und Nieren, was im Hunsrück bedeutete, dass er ihn, ohne drumherum zu reden, nach seinen Vermögensverhältnissen ausfragte, womit es nicht gerade zum Besten stand, wie es schien. Schließlich fragte er, ob der Bewerber überhaupt in der Lage wäre, eine Familie zu ernähren.

Der Bräutigam brauchte nicht lange zu überlegen: „Also, wenn mir ebbes zustoße sollt, is eier Doochder gut versorscht; ich honn nämlich en hoch Lewensversicherung."

„Das is jo beruijend", antwortete der Vater. „Awer, was is, wenn der neist zusteßt?"

Hauptsache einer weiß es

Ihre Freundinnen und auch die gesamte Verwandtschaft konnten es nicht verstehen, dass die Dora den Ottfried heiraten wollte. Die couragierte und lebenslustige Dora den schüchternen Ottfried, der nie tanzen ging und noch nie ein Mädchen hatte.

„Wie soll das dann gut gehn?“, fragten die Leute. „Ihr passt doch iewerhaupt nit zusamme. Was willst dau mit so eme Stoffel?“

Aber die Dora war ja nicht auf den Mund gefallen. „Do macht eich mo kää Gedanke. Ich weise dem schunn wo’s langgeht.“

Ein todsicheres Zeichen

Die Tanja erzählt ihrer Freundin von ihrem neuen Freund, und sie ist sich sicher, dass er in sie verliebt ist.

„Na, ja, ist ja schön. Ich gönne dir’s. Aber wo dran willst du das festmachen? Ich meine, du musst das an ganz bestimmten Dingen merken, ob das so ist.“

„Ja, klar, gesagt hat er’s noch nicht direkt. Aber ich merke doch, wie er mich ansieht, wenn ich ihn nicht angucke.“

Eine gute Frage

Im Dorf fragte sich so mancher, wie wohl der Schorsch zu seiner Frau gekommen war. Nicht nur, dass die beiden schon rein äußerlich kein harmonisches Paar abgaben, seine Frau war nämlich ein ganzes Stück größer als er, dazu rappeldürr. Außerdem war sie als geizig bekannt. Eine solche Frau hätte er nicht von so weit her zu holen brauchen.

Eines Tages passierte es, dass sein Freund Erwin Schorchs Frau unabsichtlich übersah und deshalb auch nicht grüßte. Sie bildete sich aber ein, er hätte sie gesehen und absichtlich nicht gegrüßt. „Kann dein Freund mich nicht leiden?“, fragte sie ihren Mann. „Der grüßt mich ja nicht mehr.“

Bei der nächsten Gelegenheit fragte der Schorsch: „Sa mol, Erwin, host dau was geje mei Fraa? Kannste die nit leire?“

„Wieso?“, fragte der Erwin zurück, denn er war sich ja keiner Schuld bewusst. „Kannst dau se dann leire?“

Die Sache mit den Körbchen

Die großen Hunsrücker Märkte eigneten sich früher auch besonders gut zur Heiratsvermittlung, beziehungsweise Eheanbahnung. So soll es auf dem Nunkircher Markt (vielleicht auch anderswo) üblich gewesen sein, dass die jungen Burschen Körbchen mit Süßigkeiten kauften und diese ihren auserwählten Mädchen überreichten. Nahm eine Auserkorene das Geschenk an, dann durfte der junge Mann sie auch nach Hause begleiten. War sie allerdings nicht gewillt, auf den Antrag einzugehen, dann gab sie den Korb zurück.

Ein auf diese Weise abgewiesener Bursche beobachtete aber, wie ein anderer junger Mann bei der von ihm verehrten Elsbeth mehr Glück hatte, und als das junge Paar spät abends nach Hause ging, schlich er den beiden heimlich hinterher und beobachtete eifersüchtig, wie sich sein Rivale dem Mädchen näherte. Das wehrte aber zunächst ab und sagte: „Peter, ich sinn nit so wie die annere Mädcher."

Eine kleine Weile gab sich der Verehrer zufrieden, startete aber nach einer gewissen Zeit einen neuen Annäherungsversuch, worauf die Elsbeth meinte: „Wenn ich awer doch eso wär' wie die annere, wo däät ich dann das Körbche hienstelle?"

(P.S.: Der abgewiesene Verehrer übte insofern Rache, als er überall die Geschichte erzählte.)

Valentinstag

Ende der siebziger Jahre rückte der Valentinstag durch gezielte Werbung so langsam ins Bewusstsein der Leute. Zuerst natürlich bei der jüngeren Generation, während sich die ältere ein bisschen schwerer damit tat.

In einer Hunsrücker Behörde – die Kolleginnen und Kollegen hatten ein gutes Verhältnis untereinander – wurde in den einzelnen Büros, wenn es die Zeit erlaubte, auch schon mal über private Dinge gesprochen.

Als der Valentinstag näher rückte, erzählte eine junge Frau, dass sie abends zu Ehren des Valentinstages etwas Gutes kochen wolle, um danach mit ihrem Mann bei einer Flasche Wein einen gemütlichen Abend zu verbringen.

Eine andere Kollegin verriet, ihr Mann wolle sie abends in ein Restaurant einladen, worauf ein verheirateter junger Kollege meinte:

„Aber der Valentinstag, der ist ja nicht nur zum Essen und Trinken gedacht. Da sollte man schon auch auf andere Weise zeigen, dass man seinen Partner oder seine Partnerin liebt. Vielleicht ein bisschen zärtlicher sein als sonst und nicht nur an Essen und Trinken denken."

„Ihr habt Probleme!", meldete sich ein älterer Kollege zu Wort, der kurz vor seiner Pensionierung stand.

„Ei, dann sag du mir mal, wann du deine Frau es letzte Mal geküsst hast!", forderte ihn der junge Mann heraus.

Er musste tatsächlich eine Weile überlegen, ehe er antwortete: „Das kann ich der genau saan, das war, wie ich aus em Krieg un aus der Gefangenschaft komm sinn."

Hunsrücker Liebeserklärung

Auf einer mehrtägigen Busreise nach Rom hatten sie sich kennengelernt und angefreundet: Die Emmi, die Charlotte und das Trudchen. Sie wohnten alle drei im Hunsrück, allerdings recht weit auseinander. Wenn man sich also mal treffen wollte, was ein paar Mal im Jahr geschah, musste man fahren.

Und da Trudchen keinen Führerschein besaß, ließ sie sich jedes Mal von ihrem Friedrich fahren, wodurch der gute Friedrich in den Genuss kam, immer mit zum Kaffeetrinken eingeladen zu werden. Er gehörte einfach dazu und war außerdem noch „Hahn im Korb", da sich die Ehemänner der beiden anderen Frauen schon auf den entsprechenden gemeindeeigenen Friedhöfen zur Ruhe begeben hatten. Einfacher ausgedrückt: Emmi und Charlotte waren verwitwet.

Obwohl die drei Frauen unterschiedlicher gar nicht hätten sein können, verstanden sie sich – wie schon erwähnt – ausgezeichnet:

Emmi führte mit ihrem Sohn zusammen einen riesigen modernen Bauernhof.

Trudchen und Friedrich betrieben ihren kleinen Hof mit sieben Kühen, drei Schafen, zwei Ziegen, Hühnern, Hunden und Katzen wie vor hundert Jahren.

Charlotte, die, als sie heiratete, ihr Musikstudium abbrach, spielte seit vielen Jahren in ihrem Dorf in jedem Gottesdienst die Orgel und gab Kindern Klavierunterricht.

Eines Tages starb Trudchen ganz plötzlich, und der arme Friedrich stand von heute auf morgen allein da.

Trotz seiner Trauer behielt er erstaunlicherweise die Übersicht über sein Leben. Er schaffte alle Tiere ab, verpachtete Felder und Wiesen und bat die beiden Freundinnen seiner Frau, ihn nicht *fallen* zu lassen.

Die Frauen sahen sich auch irgendwie verpflichtet – sie hätten sich ja auch, wenn Friedrich zuerst *gegangen* wäre, genauso um Trudchen gekümmert – und holten ihn ab zu Sonntagsausflügen an den Rhein und gestatteten, dass er sie auf mehrtägigen Busreisen begleitete.

Der Friedrich, der sein Trauerjahr peinlich genau eingehalten hatte, lud sich eines Sonntags bei Charlotte zum Essen ein. Natürlich nicht so plump, wie man aufgrund des vorangegangenen Satzes glauben könnte, sondern vielmehr so:

„Bist dau am Sunndaach dehääm? Ei gut, ich komme dich am Sunndaachnoomiddaach mo besuche.“

Worauf Charlotte antwortete: „Dann komm doch gleich zum Mittagessen. Du kochst dir doch eh’ nichts Gescheits.“

Diese Einladung nahm der Friedrich gerne an, denn er kochte sich wirklich meist nur Kartoffeln und aß Wurst oder Obst dazu oder beides.

Sonntags nach dem Mittagessen rückte er dann mit seinem Anliegen heraus:

„Kenne mer uus nit befreunde?“

„Das sind wir doch schon“, antwortete Charlotte und stellte sich naiv, denn sie ahnte Schlimmes.

„Nää, ich meene so richtig, wie Mann unn Fraa. – Die Emmi wär mer jo eijentlich liewer wie dau, awer das will nit. Unn bei der is jo aach de Vorteil, dass es nit so weit is wie bei die Emmi. Do honn ich nit so weit ze fahre.“

Nun ja, man kann sich schon denken, dass die Charlotte den Antrag höflich, aber sehr entschieden zurückwies.

Inhaltsverzeichnis

Wenn der Hund eine Hündin ist	8
Künstliche Besamung	10
Es geht auch ohne	11
Die Ehefrau verkauft	11
Ein schlauer Mandant	12
Was versteht man unter einer Festplatte?	13
Beim Friseur	13
In Stalingrad gefallen	14
Das Gaubloch	16
Stammtischgespräch	16
Wer den Schaden hat …	17
Auf dem Friedhof	17
Ein Arzt braucht Möbel	18
Dau bist doch Dokter?	20
Die Schwesternprüfung	21
Der Hunsrück und Brasilien	22
Vertrauen ist gut, Kontrolle ist besser	24
Die Sache mit dem Telefon	24
Beim Metzger	25
Eine schlechte Ausrede	26
Die Uhrreparatur	27
Ein triftiger Scheidungsgrund	28
Ein Prozent ist nicht überall ein Prozent	28
So kann man’s auch sehen	29
Erbschaftsstreit	29
Die arme alte Zeit	30
Der gute Kuchen	30
Gefährliche Suppe	31
Hunsrücker Humor	32
Der verfressene Kusseng (Cousin)	32

Vorsicht Hühner	33
Der Hellseher	34
Eine ehrliche Antwort	34
Lottoglück	35
Woran man einen guten Anstreicher erkennt	35
Ein Bad, etwas Seltenes	36
Der Devotionalienhändler	36
Maulfaul	37
Gekonnt	38
Mer honn's jo nit gelehrt	38
Darauf muss man einen trinken	39
Beim Hörgeräteakustiker	40
Ohne Brille geht gar nichts	40
Unscharfes Fernsehbild	41
Die Damen bitte nicht vergessen	42
Die Fahrt nach Pelverschem	43
Wenn ein Acker nicht mehr trägt	44
Die verdrehte Mistgabel	45
Hunsrücker Blasmusik	46
Der hundertste Geburtstag	48
Diamantene Hochzeit	48
Mütterliche Probleme	49
Altersunterschied	49
Die schöne Laterne	50
Die überführte Lehrerin	51
Albträume	52
Gut beobachtet und richtig wahrgenommen	52
Wann und wo wächst man?	53
Eine kesse kleine Biene	54
Haarwuchs	55
Wie man Nägel schneidet	56
Oma und Enkel	57

Anstand	57
Der heilige Neckermann	58
Die nackten Ritter	58
Hörner aufgesetzt	59
Im Kindergarten ausgeplaudert	60
Die Sache mit dem Schwimmen	60
Keine Minute länger	61
Die Getränkeröhre	61
Wenn der Hund mit der Katz'	62
Auftrag erledigt	63
Eine gute Erziehung	64
Vornehm	65
Die begehrte Tänzerin	66
Die Bään, die Bään!	66
Was ein Ballkleid ausmachen kann	67
Der Franz-Joob, ein echter Münchhausen	68
Es Krauthännesje	70
Der Beltemer Lippert	71
Der Nussbaumschmidt	72
Ein sonderbarer Viehhändler	73
Vier auf drei Schuss	74
Der arme Dackel	75
Eine seltsame Treibjagd	75
Förster mit Nebenverdienst	76
Holzverteilung	77
Wozu Baugenehmigung?	78
Brave Pferde	79
Zigarre verpasst	80
Ein ganz besonderer Kleiderhaken	81
Ein vergessener Patient	82
Wie sag ich's?	83
Kopfrechnen schwach	84

Keine Antwort schuldig	84
Ehrlich bis auf die Knochen	86
Wenn der Hund nicht …	86
Man muss nicht gleich das Schlimmste annehmen	87
Das Vorstellungsgespräch	88
Ein ganz leichtes Süppchen	89
Eine große Hilfe	90
Vorgesorgt	90
Wer sucht, der findet	91
Bettwärmer	91
Die pragmatische Emma	92
Die Sache mit dem Sterben	93
Notwendig oder nicht?	94
Wieder nichts mit Sparen	95
Aus dem Nähkästchen geplaudert	96
Ein Schwätzchen muss auch mal sein	97
Ein guter Organist	98
Lieber keine Wiedergeburt	98
Die Sonne steht manchmal woanders	99
Mit einem Trick an die Arbeit gebracht	100
Wie der Erich Heu wenden ging	101
Tja, was dann?	102
Hauptsache, einer weiß es	103
Ein todsicheres Zeichen	103
Eine gute Frage	104
Die Sache mit den Körbchen	106
Valentinstag	107
Hunsrücker Liebeserklärung	108

Margret Drees
Darüber lacht man an Rhein

ISBN 978-3-86911-028-8
178 Seiten, Broschur

Margret Drees hat in diesem Buch einige „Verzehlcher“ zusammengetragen, die gerne in den Dörfern und Städtchen am Mittelrhein und den angrenzenden Hunsrück- und Taunushöhen erzählt werden. Seien es nun die kleinen alltäglichen Missverständnisse, der oft schwierige Umgang mit medizinischen und sonstigen Fachausdrücken, technische Finessen, die sprichwörtliche Bauernschläue, die häufig anzutreffende Knauserigkeit, die Umwerbung des anderen Geschlechts, Unwägbarkeiten im Zusammenleben mit tierischen Mitbewohnern oder auch der nicht immer ganz einfache Ehealltag, die zum Schmunzeln anregen.

Bereichert wird die Anekdotensammlung durch 15 Zeichnungen von Claudia Westermayer.